LETTRES

DU

R. P. J. BATAULT

MISSIONNAIRE APOSTOLIQUE A ALGER

1676-1736

AVEC

NOTES HISTORIQUES

SUR

LE RACHAT DES ESCLAVES A CETTE ÉPOQUE

CHALON-SUR-SAONE

IMPRIMERIE ET LITHOGRAPHIE DE JULES DEJUSSIEU

Rue des Tonneliers, 5.

1880

LETTRES

DU

R. P. J. BATAULT

MISSIONNAIRE APOSTOLIQUE A ALGER

1676-1736

LETTRES

DU

R. P. J. BATAULT

MISSIONNAIRE APOSTOLIQUE A ALGER

1676-1736

AVEC

NOTES HISTORIQUES

SUR

LE RACHAT DES ESCLAVES A CETTE ÉPOQUE

CHALON-SUR-SAONE

IMPRIMERIE ET LITHOGRAPHIE DE JULES DEJUSSIEU

Rue des Tonneliers, 5.

1880

> Pius est parentum facta
> referre labor. (Ovide.)

Je publie les lettres du Révérend Père Jean Batault pour plusieurs raisons : la première, parce que la vie de cet ancêtre est un honneur pour notre famille. En effet, il consacra trente années de sa vie à prêcher l'Évangile par sa vie, ses souffrances et sa mort. Il était l'aîné de sa famille, et, comme dans la bourgeoisie de ce temps aussi bien que dans les rangs de la noblesse, le droit d'aînesse était quelque chose, il préféra se consacrer à Dieu, aux missions de Saint-Vincent-de-Paul et au rachat des esclaves, laissant le soin de perpétuer la famille à son frère puîné, Edme Batault, dont ma famille descend directement.

Jean Batault fut donc un fils de saint Vincent de Paul dans un temps où l'apostolat de ce grand saint, l'honneur de l'Église et la gloire de la France, était dans tout son éclat par les œuvres qu'il avait fondées avant de mourir. On peut dire que la fin du XVIIe siècle fut remplie par l'apostolat de Vincent de Paul et les merveilles de charité qu'il enfanta. Il mérite à tout jamais le titre glorieux de héros de la charité chrétienne.

Parmi les œuvres les plus merveilleuses, les plus étonnantes, créées par saint Vincent de Paul, on doit compter la *Congrégation de la Mission* pour le rachat des captifs chrétiens. On ne se doute pas de la profondeur de cette plaie sociale : « l'*esclavage* musulman, » de cet horrible fléau qui affligeait une grande partie des contrées soumises aux Turcs, depuis le Maroc jusqu'aux rivages de l'ancienne Grèce et de Byzance.

Pour vaincre ce fléau, Vincent de Paul paya de sa personne, prit lui-même les fers de l'esclave et fonda des missions sur tous les rivages de la Méditerranée, à Alger même, le repaire principal des corsaires, qui régnaient en tyrans sur le commerce européen, et prélevaient impunément des tributs énormes sur les vaisseaux marchands. En outre, ces Musulmans féroces bravaient les flottes des plus puissants États, et avaient mérité d'être appelés par les nations civilisées « *les Barbaresques.* »

C'est à Alger même que le R. P. Jean Batault voulut consacrer au rachat des esclaves vingt-cinq années de sa vie. C'est là qu'il mourut, digne fils de saint Vincent de Paul, digne fils de la France chrétienne !

N'est-il pas permis de penser que, si aujourd'hui le drapeau de la France flotte sur les remparts de cet antique repaire de pirates, si la croix de Jésus-Christ s'y montre librement, c'est aux sacrifices suscités par Vincent de Paul, au sang français répandu sur cette terre, qu'on le doit en grande partie?

Or, le R. P. Batault a contribué à ce sublime apostolat; c'est un honneur pour notre famille.

En second lieu, nous publions ces lettres parce qu'elles renferment des détails historiques intéressants, qui nous paraissent nouveaux, qui nous montrent combien, à cette époque, le nom français était respecté en Orient, jusqu'aux plus lointaines régions soumises au joug musulman.

Le Dey d'Alger, tout ennemi implacable du nom chrétien qu'il fût, recevait les missionnaires de saint Vincent de Paul avec des égards constants; les lettres du P. Batault en font foi. Une d'elles nous dit même que, pendant sa maladie dernière, le Dey lui envoya « *un médecin de sa maison.* »

Sans doute, de tels égards s'adressaient à ceux qui versaient dans le trésor de Dey des sommes énormes pour le rachat des captifs chrétiens; mais le caractère religieux dont étaient revêtus les missionnaires de saint Vincent de Paul, leur vie sainte et sublime, imposaient le respect à ces barbares, qui ne craignaient pas de braver les canons et les flottes des plus grands monarques, de Charles-Quint et de Louis XIV.

Nous ne publions pas toutes ces lettres *in extenso;* c'eût été trop long, et quelques-unes n'offrent qu'un intérêt relatif, mais elles nous ont servi à dresser une généalogie de notre famille, que je confie au respect de mes enfants.

Presque toutes ces lettres sont originales, revêtues du sceau de la mission d'Alger et m'ont été léguées par mon grand-père, M. Jean Batault, ancien conseiller au bailliage de Chalon-sur-Saône. Quelques-unes de ces lettres ne sont qu'une copie des originaux. Elles avaient été recueillies en grande partie par une sœur du R. Père, ursuline de chœur au monastère de Beaune, dont nous parlerons souvent.

Avant de donner le texte de ces lettres, deux mots sur la personne du R. Père Jean Batault, qui les a écrites.

Il était fils d'Edme Batault, propriétaire à Melin, arrondissement de Beaune, sur lequel nous ne savons presque rien, nos titres de famille ne faisant que le nommer et nous dire que cet ancêtre vivait en 1650 et était décédé en 1702.

Celui-ci eut une nombreuse famille, puisque nous connaissons sept enfants, dont nous croyons devoir dire quelques mots :

1° Jean Batault, le missionnaire, aîné de la famille, né le 28 mai 1676, et baptisé dans l'église d'Auxey-le-Grand, près Meursault. Quoique baptisé à Auxey, il était né à Melin, qui alors n'était pas paroisse. Plus tard, les autres membres de la famille, habitant Meursault, furent aussi baptisés à Auxey. Meursault, aujourd'hui petite ville de près de 3,000 habitants, n'était pas paroisse. Il ne possédait qu'une *chapelle* enclavée dans l'enceinte de l'ancien château féodal. Cette chapelle ne devint paroissiale que plus tard. Tous les enfants d'Edme Batault furent donc baptisés à Auxey. Ayant conçu de bonne heure dans son âme la vocation ecclésiastique, Jean entra d'abord au séminaire d'Autun, puis au séminaire de Saint-Sulpice à Paris, le 27 avril 1699. C'est là qu'il résolut d'entrer dans la Congrégation des Pères Lazaristes, missionnaires de saint Vincent de Paul.

2° Le second fils d'Edme Batault fut Edme Batault, né en 1679. Il fut propriétaire à Melin et fermier général de M. Brunet d'Antheuil, seigneur du lieu. Il avait épousé, en 1701, demoiselle Anne Gautheron, fille de M. Gautheron, propriétaire à Touches, près Chalon-sur-Saône. Il reçut en dot un domaine situé sur le territoire de Touches, qui est toujours resté dans la famille. Nous reparlerons de ce fait plus loin.

Edme Batault devint propriétaire à Volnay et à Meursault. En 1717, il achète, conjointement avec sa femme, un domaine à Meursault et une maison sise place du Meurger. Ce domaine venait de M. Guillaume Baraut, conseiller du Roi, secrétaire général de la Cour de la chancellerie de Chalon-sur-Saône.

C'est le même Edme Batault qui construisit, en 1727, la maison patrimoniale de Meursault, dont je suis propriétaire aujourd'hui par voie de succession.

Il acheta, le 24 août 1740, une place en l'église de Meursault pour y avoir sa sépulture, et cela conjointement avec son frère Vivant Batault. Nous possédons l'acte authentique de cette vente. La pierre tombale existe encore. Elle était placée devant la chaire, dans la nef à droite en entrant. Nous avons souvent religieusement visité cette tombe de notre ancêtre ; voici l'inscription qu'elle a conservée :

TOMBE DANS L'ÉGLISE DE MEURSAULT

```
CY GIST VIVANT BATAULT
    QUI DÉCÉDA LE
         17..

     ICI REPOSE LE
    CORPS DE EDME
       BATAULT
    MARCHAND  A
    MEURSAULT, QUI
   DÉCÉDA LE 13 7bre
         1749.
```

(Encadrement : BERCHERRE, COMTESSE DE LA ROCHEPOT. — PROCUREUR D'OFFICE A MEURSAULT — POUR MADAME DE LA)

Edme Batault fit son testament le 13 janvier 1746, et mourut, propriétaire du domaine de Meursault, le 13 septembre 1749, enseveli en la place qu'il avait acquise dans le saint lieu.

3° Le troisième fils d'Edme Batault fut Vivant Batault, marié en 1712 et demeurant à Monthelie.

Il devint la souche de la famille Batault, de Monthelie, qui subsiste encore aujourd'hui. Il fut procureur d'office de Mme de la Berchère, comtesse de la Rochepot et de Meursault, dont la seigneurie était très considérable. La même tombe, comme nous l'avons vu, recouvre les restes des deux frères.

4° Demoiselle Marguerite Batault, morte jeune, religieuse à Beaune.

5° Antoine Batault, marié, mort en 1702, à Meursault.

6° Demoiselle Jeanne Batault, épouse du sieur Pierre Barraut, bourgeois à Meursault, frère de celui qui avait vendu à Edme Batault *le meix* de la place de Meurger et le domaine de *Plante*. Elle devint veuve en 1717.

7° Demoiselle Claude Batault, née en 1682, novice à 18 ans dans le monastère des religieuses ursulines de Beaune. Le 11 janvier 1700, son père lui constitue une dot de seize cents livres, payées comptant, avant de prononcer ses vœux. Elle devint *religieuse de chœur*, sous le nom de Sœur des *Saints-Anges*, demeura quarante ans religieuse et mourut le 12 avril 1758, âgée de 76 ans.

C'est à sa sœur ursuline que le R. P. Batault adressa

la plupart de ses intéressantes lettres. C'est elle que, parmi ses parents, il affectionnait le plus, et les sentiments qu'il exprime envers sa sœur sont de la plus touchante amitié et de la piété la plus sincère.

Nous avons le regret de ne posséder aucune des lettres de la sœur Claude Batault, quoique nous sachions, par les lettres mêmes du missionnaire, qu'elle *lui répondait* et lui donnait les nouvelles intéressant la famille.

Nous possédons de la sœur Batault, ursuline, quelques souvenirs que nous conservons religieusement parmi nos reliques de famille.

Le sieur Edme Batault, notre bisaïeul, frère du missionnaire, eut un fils qui se destina à l'état ecclésiastique. Élève du séminaire d'Autun, il devint vicaire à Touches, dans le pays où sa famille possédait un important domaine. Il devint curé de Savigny-sur-Seille en 1740 et curé de Saint-Germain-du-Bois en 1746, et mourut vers 1763. Il se nommait Jean-Baptiste, et c'est à lui que le R. P. Batault adresse plusieurs de ses lettres pendant qu'il faisait ses études à Autun et pendant le temps de son vicariat à Touches.

Nous allons donner maintenant une analyse de chacune des lettres du missionnaire et la copie *in extenso* des plus intéressantes.

Rappelons d'abord que le R. P. Jean Batault fut ordonné sous-diacre à Autun en 1698 et fut reçu au séminaire de Saint-Sulpice le 27 avril 1699. Il ne reçut donc pas la prêtrise à Autun.

Il gagna l'estime et l'affection des directeurs de

Saint-Sulpice, qu'il édifia par ses vertus, ainsi qu'en témoigne un document important que nous conservons dans nos archives de famille. C'est l'*Éloge* envoyé à sa sœur ursuline par le R. P. supérieur de la maison des Lazaristes de Vannes, en Bretagne, après le décès du missionnaire.

Nous donnerons copie de cet *Éloge*.

Sans en avoir la preuve positive, nous pensons qu'il fut ordonné prêtre en 1700.

Ce fut à Saint-Sulpice qu'il apprit la mort d'un de ses frères, frappé subitement et laissant une veuve et plusieurs enfants. Nous le verrons, dans ses lettres, s'intéresser vivement aux dures épreuves de sa belle-sœur.

Bientôt, et presque aussitôt après avoir été ordonné prêtre, il sentit la vocation religieuse se déclarer en lui. Il se voua à la mission toute apostolique, la plus rude, mais la plus glorieuse des Lazaristes de saint Vincent de Paul. La maison de Paris adopta le jeune ecclésiastique dans son noviciat, et, peu après, on l'envoya à Vannes, en Bretagne, où les missionnaires possédaient une maison très importante.

Une des lettres du P. Batault est en effet datée de Vannes, le 30 novembre 1702. Il ne resta donc que fort peu de temps au noviciat de Paris.

Quoique importante, la maison des Lazaristes de Vannes était de création récente, et ce fut pour y exercer les fonctions de *régent* et de *procureur* que ses supérieurs y envoyèrent le P. Batault. Certes, s'il fut jugé digne, à peine sorti du noviciat, de diriger un institut si important, d'y *enseigner la théologie* et de devenir le *directeur du Noviciat* de la Congrégation, c'est que ses supérieurs avaient reconnu en lui des qualités fort distinguées et une piété exemplaire.

Du reste, l'*Éloge*, ce document dont nous avons parlé, dit de lui : « Que ses supérieurs n'ont pas connu de « *régent* et de *directeur* plus accompli que *lui*, et qu'il « s'acquittait de ses fonctions avec un zèle des plus « méritoires. »

Il exerça ces fonctions pendant neuf ans.

Monseigneur l'évêque de Vannes l'estimait beaucoup et faisait le plus grand éloge de son caractère, de sa douceur, de son humilité et de ses vertus. Il fut universellement regretté lorsque les Pères de la Mission résolurent de l'envoyer à Alger.

Les prêtres de la Mission de Saint-Lazare possédaient un établissement important à Alger, important surtout sous le rapport des œuvres glorieuses qu'il accomplissait dans cette ville pour le rachat des esclaves chrétiens.

Les lettres que nous possédons donnent des détails intéressants sur ces œuvres et peignent en couleurs fort vives les cruautés abominables que les pirates algériens commettaient sur tout le littoral de la Méditerranée.

Presque toutes ces lettres portent le cachet authentique de la maison des Lazaristes d'Alger. Voici le texte de l'inscription qui se lit sur le *timbre sec* de ce sceau :

VICAR : APOSTOLIC : PRESBITER : MISSIONIS :
ALGERIEN : ET : TVNETEN :

Tels sont les motifs qui nous ont décidé à mettre au jour le recueil de lettres que notre aïeul nous a léguées, en nous priant de les conserver. Nous espérons que la lecture de ces lettres, qui renferment souvent des narrations historiques d'un certain intérêt, plaira aux membres de notre famille, auxquels notre travail est offert et qui n'est imprimé que pour eux.

Qu'ils veuillent bien en agréer la dédicace et l'hommage !

Quant aux lettres originales, je les confie à la piété filiale de mes enfants ; j'espère qu'ils les conserveront comme je les ai conservées moi-même fidèlement : *pius est parentum facta referre labor.*

Henri BATAULT.

Première lettre du R. P. Batault.

Elle est datée de Vannes, du 20 novembre 1702, adressée à son frère Edme Batault, à Volnay. Celui-ci habita donc Volnay avant de se fixer à Meursault.

Il lui fait une description assez pittoresque du pays de Bretagne :

« Si la Bourgogne a ses agrémens, dit-il, la Bretagne a les siens aussi ; mais les paysans qui y vivent sont plus pauvres qu'en Bourgogne, parce qu'ils sont paresseux. Il se trouve dans ce pays de belles salines et une quantité énorme de beau sel blanc. Ce sel se forme dans des escluses dans lesquelles on enferme l'eau de la mer.

« Je suis dans un séminaire qui est assez beau, mais il

n'approche pas de celui d'Autun. Je me prépare à régenter la théologie à trente ou quarante séminaristes qui entrent le 29 octobre.

« Je ne vois pas l'apparence que je vous voie jamais en ce monde, car le voyage de Bretagne en Bourgogne est trop considérable, mais il faut nous consoler dans l'espérance que nous nous verrons dans notre patrie du ciel, sans crainte, alors, de nous voir séparés les uns des autres. C'est à cette espérance du ciel que nous devons rapporter toutes nos actions.

« On m'a mandé que vous aviez éprouvé une perte considérable dans une banqueroute que vous avez éprouvée depuis peu ; cela m'a fait beaucoup de peine, parce que vous êtes encore *tout nouvellement* dans votre ménage. Mais l'année sera bonne en Bourgogne, et vous pourrez réparer cette perte.

« Ici nous buvons du vin détestable, qui vient de la Gascogne, qui se vend ici sur le pied de cent francs la quëue. Le cidre ne manque pas dans le pays ; il vaut douze francs la quëue. Pour le bled, je ne scais s'il est cher en Bourgogne ; ici, il est fort bon marché et ne se vend pas plus de 16, 17 ou 18 sols la mesure de Beaune (qui surpassait d'un cinquième notre double-décalitre actuel), et le seigle, 10 ou 12 sols la mesure. Il y a de la fort belle viande à trois sols la livre. Quant au poisson, vous pouvez croire qu'il ne manque point, puisque nous habitons sur les bords de la mer.

« Je salue tous mes parents, particulièrement notre frère Vivant, de Monthelie, notre sœur Anne et votre chère épouse, et je n'oublie pas le cher petit enfant qu'on m'a mandé être venu au monde il y a quelque temps. Je salue aussi monsieur votre curé, et vous souhaite une excellente santé pour la plus grande gloire de Dieu.

« Adieu, mon cher frère.

« Je suis votre humble serviteur et frère, BATAULT, indigne prêtre de la Congrégation de Saint-Lazare. »

L'adresse est ainsi conçue : A monsieur Maitrise, procureur à Beaune, pour la faire parvenir, s'il lui plaît, à M. Bataült, de Volnay.

La seconde lettre est datée de Vannes, le 8 décembre 1704. Elle est adressée à son frère Edme. Il le prie de lui adresser l'argent qu'il lui doit, « à monsieur « du Saray, à la maison de Saint-Lazare de Paris. » C'est probablement un capital provenant de la sucession de leur père, mort à cette époque.

Troisième lettre. — Elle est datée de Vannes, le 3 avril 1706. C'est une *copie* de la lettre originale.

« Il se plaît dans le pays de Bretagne, où, dit-il, il ne manque pas de personnes qui me font l'honneur de m'aimer. Je suis même assez bien auprès de monseigneur notre Évesque et de messieurs ses grands Vicaires, que j'ay l'honneur de voir souvent. Malgré cela, je ne serais pas fâché de me rapprocher de la Bourgogne, plus pour l'amour de vous que pour l'amour de moi.

« Nous allons de temps en temps nous promener sur la mer, et nous pêchons avec des barques. Imaginez-vous que j'ai acheté, il y a quelques jours, dans un port de mer qu'on appelle Port-Louis, une écrevisse qui ne nous a coûté que huit sols, et qui était si grosse qu'elle nous donna à déjeuner pour six personnes. Vous n'en trouvez pas de si grosses dans votre rivière de Vollenay.

« Le 30 décembre dernier, nous avons éprouvé une tempête furieuse, qui a causé des pertes immenses. Nous pensions que le monde allait être renversé. De tous côtés, on ne voyait que maisons détruites, arbres déracinés, toits emportés; tous les vaisseaux et barques coulés à fond, les moulins brisés. Ce qu'il y a de plus terrible, c'est qu'à la suite des naufrages, on compte déjà *seize cents* hommes noyés ! Jamais on n'avait vu pareille tempête. Notre séminaire de Vannes a perdu un moulin.

« Vous voyez, mon cher frère, comment Dieu nous châtie ; que sa sainte volonté soit faite, et tâchons de nous faire un trésor que la mer, ni ses tempêtes, ne puisse nous arracher. Ce trésor n'est que dans le ciel. Adieu, cher frère, je me recommande à vos prières et je salue de tout cœur votre chère compagne. »

La quatrième lettre renferme une quittance de 50 livres, émanant de M. du Saray, de la maison de Saint-Lazare de Paris, laquelle somme était envoyée au P. Batault par son frère Edme.

La cinquième lettre est datée de Paris, le 12 janvier 1712, et adressée à sa sœur, madame Claude Batault, dite des *Saints-Anges*, religieuse aux Ursulines de Beaune. Elle est ainsi conçue :

« La grâce de Nostre-Seigneur soit avec nous à jamais !

« Je viens de recevoir, ma très chère sœur, l'aimable lettre que vous m'avez fait l'honneur de m'écrire, du 8 décembre dernier, et que vous m'avez adressée à Vannes et que j'ai reçue à Paris. Je pars lundi prochain pour Lyon par la diligence. Si c'était en été, nous passerions par la Bourgogne et aux portes de Beaune, et j'aurais le bonheur de vous voir; mais, comme les chemins sont détestables, on est contraint de chercher les montagnes. Nous passerons donc par l'Auvergne. Je séjournerai quelques jours à Lyon, et ensuitte nous prendrons la route de Marseille, où j'attendrai un temps favorable pour aller plus loin. Je m'imagine déjà, ma chère sœur, vous voir dans l'inquiétude et l'impatience de savoir où je veux donc aller. J'avais résolu de ne point encore vous en écrire de sitôt; mais, en vérité, je vous aime trop pour avoir rien de caché pour vous, d'autant plus que je suis persuadé que vous êtes toute à Dieu et que vous ne souhaitez que son honneur et sa gloire.

« Je quitte donc la France pour jamais, et je m'en vais en

pays étranger, en Barbarie, parmi les Turcs, pour le service des pauvres esclaves détenus en esclavage par les barbares et en danger de perdre la foi ou la vie. Quel bonheur, ma chère sœur, de donner sa vie pour le service de Dieu ! Qu'il est glorieux de répandre son sang pour l'amour de Celuy qui l'a répandu pour nous ! Aidez-moi, je vous supplie, vous et toutes les bonnes âmes de votre communauté, à remercier Dieu de m'avoir appelé à un si saint employ. Priez-le instamment de me faire la grâce de n'être pas infidèle à une si sainte vocation. Je vais en Barbarie, en qualité de *vicaire du Saint-Siège*, qualité qui est infiniment au-dessus de mon mérite.

« J'attends mes pouvoirs de Rome. J'ay eu l'honneur de VOIR LE ROY, les Princes et les Ministres pour avoir des passeports et des lettres de recommandation auprès du Roy et des grands de Barbarie.

« Ma résidence la plus ordinaire sera Alger, grande ville et port de mer. Mes fonctions seront d'aider, d'instruire, de consoler, fortifier les esclaves chrétiens, empêcher qu'ils ne renoncent la foy dans les tourments qu'on leur fait souffrir, de travailler à les racheter. Pour cela, il faudra avoir affaire à toutes les Cours de l'Europe, écrire des lettres au Pape, aux Cardinaux, aux Roys, aux Princes, aux Républiques, et ensuitte, pour récompense de mes travaux, être mis à l'embouchûre d'un canon ou être brulé tout vif.

« Voilà, ma très chère sœur, quelles seront mes fonctions en ce pays. Adorez le jugement et la puissance de Dieu, qui se sert des instruments les plus vils pour opérer les plus grandes merveilles.

« Je ne mande rien de tout cela à mes frères, parce qu'ils ne sont pas assez détachés de ce monde pour comprendre la grandeur de cette mission, et qu'ils pourraient s'en chagriner. Je laisse à votre prudence le soin de leur en parler quand vous le jugerez à propos.

« Parlons de votre chère dernière lettre. Elle est charmante et écrite *en très bon françois*. Je n'ai trouvé qu'un seul mot, dans toute votre lettre, qui ne soit pas françois; on ne dit pas *prévenance;* tout le reste est fort bien dit.

« Je vous envoie un petit cadeau que je fais partir par le *coche d'eau* de Paris à Beaune. Dans une boëte, vous trouverez un couvert d'argent *fait à la mode*, que j'ai acheté ici. Vous prierez madame la Supérieure de votre monastère de vous le donner de ma part. Vous l'assurerez également de mes plus humbles respects. Écrivez-moi le plus souvent que vous pourrez pendant que je serai à Lyon. Je vous écrirai de Marseille, ainsi qu'à mon frère Edme.

« Je suis tout à vous en l'amour de N.-S. J.-C., ma bien chère sœur. Priez Dieu pour le plus cher de vos frères, BATAULT, indigne prêtre de la Congrégation de la Mission. »

Je ne sais si nous nous trompons, mais cette lettre respire les plus nobles sentiments, la plus vive piété ! Et puis, quel style correct, clair et digne de la langue du grand siècle ! D'un bout à l'autre, cette lettre est superbement écrite. Le P. Batault ne nous apprend point quel motif l'a décidé à quitter la France au moment où son frère Edme lui fait espérer un *bénéfice* en Bourgogne, que lui offrait l'abbé Fyot [1]. Sa vocation fut-elle subite, ou ne fit que céder aux sollicitations de ses supérieurs, qui le regardaient comme un de leurs bons sujets et voulurent le mettre à la tête de leur mission d'Alger, de leur *Vicariat apostolique* en cette ville, poste en effet fort important? Nous ne savons. Mais, à dater de ce moment, la vocation du P. Batault fut irrévocable. Il voyait les difficultés de

[1] L'abbé Claude Fyot, abbé de Saint-Étienne de Dijon, conseiller-clerc au Parlement de Dijon.

sa mission, ses fatigues et le martyre pour récompense ; car, à cette époque, le martyre était probable, et il ne se passait pas d'années où les chrétiens massacrés à Alger ne fussent au nombre de *plusieurs milliers.* On ne laissait la vie qu'à ceux dont on espérait une riche rançon. Le P. Batault fut enthousiasmé par la grandeur et la sublimité de l'œuvre de Vincent de Paul, et il eut l'ambition de servir Dieu sous un si glorieux drapeau ! C'est, selon nous, la pensée qui ressort des termes de cette belle lettre.

Le vicariat apostolique d'Alger était un poste fort honorable, puisque le P. Batault, avant de partir, dut voir les ministres du Roi et LE ROI LUI-MÊME, dont il devenait le serviteur attitré près de l'ambassadeur de France en Barbarie. Nous verrons, en effet, par la suite, que les missionnaires lazaristes français en Algérie étaient d'utiles auxiliaires des ambassadeurs ou, au moins, des consulats.

La sixième lettre est datée de Marseille, le 9 février 1712. Elle est adressée à son frère Edme Batault, à Melin.

Elle commence ainsi :

« La grâce de Notre-Seigneur J.-C. soit avec vous à jamais !

« Je viens de recevoir, mon très cher frère, votre lettre du 5 de ce mois. Elle m'a fait un véritable plaisir, rien ne m'est plus cher que de recevoir de vos nouvelles. Je vous écris une lettre commune pour vous et notre beau-frère Barault, c'est pour vous remercier de la peine que vous vous êtes donnée pour me venir voir à Lyon. Notre séparation ne m'a pas été insensible, et j'ai fait tous mes efforts pour ne pas vous en faire apercevoir à Lyon. Mais, après votre départ, je n'ai plus été maître de ma douleur. J'aurais bien voulu vous emmener avec moi à Marseille, mon cher frère, c'est le plus beau pays de France. Marseille est incomparablement plus beau que Lyon. Il y fait un temps charmant, et aujourd'hui (9 février), il fait aussi chaud qu'au mois de mai en Bourgogne.

« Je me dispose à m'embarquer aux premiers jours. J'ai trouvé un vaisseau tout prêt à faire voile pour la Barbarie. Priez Dieu, mon cher frère, qu'il nous fasse la grâce d'arriver à bon port. Pour moi, je ne cesserai de le prier pour vous, afin qu'il vous remplisse de ses bénédictions et vous fasse la grâce de vivre en bon chrétien. Souvenez-vous, mon cher frère, que nous ne devons avoir rien de plus cher que notre salut éternel. Vous m'êtes très cher, toute la famille m'est chère, mais mon salut m'est encore plus cher, et c'est pour cela que je sacrifie de bon cœur le plaisir que j'aurais de vivre auprès de vous pour m'exposer pour l'amour de Dieu, aux dangers, à la peine et à la mort. Il ne nous servira de rien de nous enrichir, si nous avons le malheur de perdre notre âme. Il faut vous mettre dans cette disposition, mon cher frère, de perdre tout votre bien et votre vie même plutôt que de perdre Dieu et de l'offenser mortellement.

« Prenez garde que le désir d'amasser du bien ne vous domine. Je n'ay rien à vous dire sur le dessein que vous avez de vous associer avec le beau-frère Barault. Ne cherchez dans cette société que la consolation d'avoir un mutuel support dans vos affaires. Le frère Barault me paraît bon, et je pourrais, si j'étais près de vous, vous donner des conseils, et je suis sûr que je vous maintiendrais en bonne union et dans la bonne voie chrétienne.

Est-il possible de mieux exprimer les sentiments d'un bon parent, d'un *frère aîné*, possédant un grand ascendant moral sur ses frères? Est-il possible à un prêtre de prêcher une morale plus chrétienne à ses proches et de leur parler de Dieu avec plus d'autorité ?

Le P. Batault continue sa lettre en parlant d'affaires temporelles.

« Je vous envoie, dit-il, une procuration à M. Boucheron, de Meursault, pour vendre au cousin François Batault le *Meix* et le moulin Foulot, à Melin, à contrat de rente, sur le pied de *mille francs*. Si *Nantoux* ne vaut plus rien, c'est la faute à ceux qui l'ont fait valoir, et je veux en décider la vente.

« Accommodez-vous ensemble pour ce domaine de Nantoux ; il faut qu'il y en ait un qui s'en charge et qui tienne compte aux autres de leur part respective. Je suis bien aise que tous mes frères sachent mes dispositions à cet égard. Je les aime tous comme des frères, mais je ne veux pas qu'il y ait la moindre jalousie entr'eux. La vente de *Nantoux* est nécessaire au bien de la paix, et j'aimerais mieux donner *tout mon bien aux pauvres* que de voir engager la discorde.

« Adieu, mon cher frère ; faites, je vous prie, mes compliments à votre chère femme. J'embrasse vos enfants.

« BATAULT, indigne prêtre de la
Congrégation de la Mission. »

Septième lettre. — Elle est datée de Gênes, le 14 mai 1712, et adressée à sa sœur Claude Batault, sœur ursuline à Beaune. C'est la première lettre écrite à sa sœur que nous possédions dans notre recueil. Elle explique pourquoi, au lieu d'être à Alger, il se trouve à Gênes.

Ma très chère sœur,

« La grâce de Notre-Seigneur J.-C. soit avec vous à jamais !

« Je ne doute pas que la date de cette lettre ne vous surprenne ; elle en a bien surpris d'autres. Dieu a permis que je souffrisse pour son amour. Il m'a fait la grâce de me donner un peu de part aux souffrances de N.-S. pendant le carême; je l'en remercie de tout mon cœur. Vous ne serez pas fâchée, ma chère sœur, de savoir comment; en voici un petit abrégé :

« Nous partîmes de Marseille, le 9 du mois de mars, sur un petit vaisseau marchand. Le lendemain, nous fûmes assaillis par une tempête si furieuse que nous aurions bien voulu rentrer au port, mais cela nous fut impossible. Nous n'attendions à tout moment que le coup de la mort. J'avais confessé notre confrère qui est avec moi et exhorté tout le monde à bien mourir; j'ay été, deux fois vingt-quatre heures qu'a duré cette affreuse tempête, toujours en prières et faisant des vœux à la Sainte-Vierge. Il y eut un si gros coup de mer que notre vaisseau fut couvert d'eau, et tout le monde criait : « Miséricorde, miséricorde! » Jamais je n'ai vu la mort si proche. Mais, enfin, la Sainte-Vierge nous arracha du fond des abîmes, où nous avions englouti les ancres, les marchandises et les provisions.

« Mais il fallait encore souffrir d'autres choses pour l'amour de Dieu; cecy n'est que le commencement de nos malheurs. A peine la tempête était-elle passée, que nous vîmes venir un vaisseau sur nous. C'était un vaisseau corsaire hollandais. Le vaisseau était beaucoup plus fort que nous, et nous fûmes obligés de nous rendre après quelques coups de canons et de fusils dont nous fûmes salués. Heureusement, que personne ne fut tué. C'était le dimanche de la Passion [1].

---

[1] En 1712, la France n'était pas en guerre avec Alger, mais la paix n'était pas signée entre Louis XIV et les alliés combattant la France. Le congrès d'Utreck s'ouvrit le 29 janvier 1712. Ce fameux congrès, qui donna la paix à l'Europe, ne fut terminé que l'année après. La lettre du P. Batault est de mai 1712; elle a donc pu relater un fait de guerre de la part des Hollandais, qui nous firent beaucoup de mal dans cette campagne. Le traité avec la Hollande ne fut signé qu'à la fin de 1713.

« Le Hollandais mit une chaloupe en mer et fit passer une centaine d'hommes sur notre bord, le sabre à la main pour saisir notre vaisseau. Ils prirent nos provisions de bouche et passèrent notre capitaine sur le vaisseau ennemi. Nous fûmes tous conduits dans le vaisseau hollandais. Nos matelots furent dépouillés jusqu'à la peau et vêtus ensuitte de haillons. Pour nous, on nous traita plus honnestement, mais je n'en fus pas plus heureux pour cela. On me fit coucher sur le pont, en plein air, et je tombai malade. Je suis resté huit jours ainsi sur le vaisseau ennemi, n'ayant pour nourriture que de l'eau *punaise* que je trouvais délicieuse. A la fin, le capitaine nous traita un peu mieux. Le Corsaire nous conduisit en Italie, dans une jolie ville qui s'appelle Livourne, qui est au grand Duc de Toscane. Nous y passâmes les fêtes de Pâques, et on nous remit en mer pour Gênes, où les Lazaristes ont une maison. J'y ai passé sept semaines, fort malade et obligé de garder le lit.

« Grâce à Dieu, je me trouve mieux et me dispose à aller à Rome. Pour cela, il faut me condamner *à la galère*. Il y en a une qui doit partir au premier beau temps pour conduire l'ambassadeur de Portugal. Je me servirai de cette occasion favorable et suis bien aise de me faire connaître un peu à Rome et à la sacrée Congrégation de la Propagande, à qui je seray souvent obligé d'avoir affaire.

« Je vous manderai de mes nouvelles, ma bien chère sœur, quand je serai dans cette grande ville.

« L'Italie est un beau pays; ce qu'il y a de plus beau, ce sont les églises. Ce n'est pas sans raison qu'on appelle Gênes « *la superbe.* » Toutes les maisons sont autant de palais magnifiques à six, sept et huit étages. Le marbre y abonde de toutes parts. Les églises sont décorées de peintures et de sculptures. Les voûtes en sont dorées, et les murailles enrichies de belles peintures de toutes sortes de couleurs.

« La vüe de si belles choses nous a un peu dédommagé de nos fatigues, mais ne nous a pas rendu ce que le Hollandais nous avait pris. Je suis entièrement dépouillé de toutes mes provisions et n'ay pu sauver qu'une trentaine de piastres que j'ay pu dérober à la vigilance de ces *loups affamés*. C'est ainsy qu'on traite les Français aujourd'hui [1].

« Cependant, messieurs les magistrats de Gênes me doivent donner cinq milles trois cents livres pour achever mon voyage et faire de nouvelles provisions. Je viens de trouver à Livourne même des vaisseaux hollandais qui vont à Alger pour y traiter la paix avec les Barbares. J'ai obtenu, comme missionnaire, le passage dans un de ces vaisseaux. Il y en a *quatre* des plus gros; je n'auray plus crainte d'être pris par un corsaire.

« Priez Dieu pour moy, ma bien chère sœur, je salue tous mes parents, vous leur direz de mes nouvelles. Je suis du meilleur de mon cœur votre cher frère.

« BATAULT, indigne prêtre de la Congrégation de la Mission, *missionnaire apostolique.* »

Huitième lettre. — Elle est datée d'Alger, le ..... 1712, et adressée à sa sœur la religieuse. C'est une *copie* de l'original, faite sans doute par la religieuse elle-même. L'écriture en est hésitante, mais très lisible. Voici cette copie :

« La grâce de N.-S. J.-C. soit avec vous à jamais !
« Je suis enfin arrivé en Barbarie, ma chère sœur, et je suis remis de mes fatigues, et j'espère que vous avez reçu la lettre que je vous ai envoyée depuis Livourne. Je vous prie de ne pas oublier, quand vous m'écrirez, d'adresser vos

---

[1] Les Hollandais étaient terribles sur mer. Ils le firent sentir plus d'une fois à Louis XIV. Le P. Batault ne ménage pas l'expression vis-à-vis du corsaire hollandais : « Loups enragés. »

lettres à M. le supérieur de notre maison, à Marseille, lequel me les fera parvenir quand il aura occasion. Je n'ai pas reçu de lettre de vous depuis le 8 février. Peut-être y en a-t-il une de perdue, car les Anglais ont pris un vaisseau français qui sortait de Marseille peu de temps après nous.

« Je vous ai dit que j'avais pu obtenir mon passage et celui de mon compagnon sur un vaisseau de guerre hollandais, quoiqu'ils soient nos ennemis. Il m'en a couté, pour moy et mon compagnon, quatre-vingts piastres, qui font à peu près quatre cents francs de notre monnaie.

« Nous nous embarquâmes, le 24 mai, du grand matin, de Livourne, où il y avait pour lors *trente-cinq* vaisseaux de guerre de l'armée ennemie [1], sans compter vingt-quatre vaisseaux de la même nation, que j'avais vus à Gênes.

« Un bon vent nous porta en trois jours au port Mahon, où nous fûmes prendre deux autres vaisseaux hollandais chargés de présents pour les Algériens, Tunis et Tripoli.

« Nous arrivâmes le 16 juin dans la rade d'Alger. Le lendemain, nous avons débarqué, et j'ai trouvé, en arrivant à terre, monsieur le consul de la nation françoise, qui nous était venu au-devant. Je fus le voir le lendemain, et il me mena de suite au Roy d'Alger pour luy présenter la lettre du Roy de France en ma faveur. Je pourrai vous envoyer une copie de cette lettre royale qui vous fera plaisir. Le Roy d'Alger m'a paru fort content de cette lettre; il m'a parfaitement reçu et m'a promis sa protection.

« Me voici donc, ma bien chère sœur, à Alger, parmi les Barbares, où il n'y aura d'autres consolations que celles de servir les 'pauvres chrétiens esclaves qui sont en grand nombre. Il y en a dans Alger seul plus de sept à huit mille, de tout âge et de toute condition, dont on rachète une partie à force d'argent. Les autres gémissent sous le poids de l'esclavage. Il y a, entr'autres esclaves, quatre chevaliers de

[1] Voyez la note, page 20.

Malthe, à qui on a demandé à chacun *cent mille écus* [1]. Ces pauvres chevaliers sont les plus malheureux de tous; on les retient dans un chateau, chargés de chaines, couverts de haillons et fort mal nourris. On ne voit aucun moyen de les tirer du malheur.

« Les autres esclaves, on les fait travailler comme des forçats. Dernièrement, un capitaine portugais se cassa la cuisse en travaillant à la marine. Je vous parlerai de toutes ces horreurs une autre fois.

« Priez Dieu, ma chère sœur, pour qu'il me donne la force et le courage dont nous avons besoin dans un pays barbare où il est permis à la *canaille dont ce pays est plein* de tuer un chrétien, et, en agissant ainsi, elle croit faire une bonne action.

« Nous avons la consolation d'avoir dans notre maison une *chapelle,* c'est-à-dire une chambre où nous disons la sainte messe. Le Saint-Sacrement y est gardé dans le tabernacle, et les pauvres esclaves qui peuvent s'échapper y viennent entendre la messe et y faire leurs dévotions. Il y a encore dans la ville *deux* endroits où l'on dit la messe, mais le Saint-Sacrement n'y est point exposé.

« Permettez-moi de saluer madame la supérieure et toute votre communauté, ma chère sœur. Vous me ferez plaisir de m'écrire si nos frères et sœurs vivent en bonne union.

« Je suis de tout mon cœur, en l'amour de N.-S. J.-C., ma très chère sœur,

« Votre très humble et très obéissant serviteur, J. BATAULT. »

Saint Vincent de Paul eut des prédécesseurs dans les pays *barbaresques* pour le rachat des esclaves, ce

---

[1] En 1712, la valeur de l'argent était cinq fois plus forte qu'aujourd'hui; qu'on calcule la somme énorme demandée par le Dey pour la rançon des chevaliers.

furent les Trinitaires et les Pères de la Merci, deux ordres religieux dont l'un fut fondé en 1198, l'autre en 1215. Les Trinitaires, ces héroïques négociants de la liberté chrétienne, dit Mgr Pavy, évêque d'Alger, depuis leur fondation jusqu'en 1787, c'est-à-dire dans un espace de six siècles, ont racheté neuf cent mille esclaves. Les Pères de la Merci, en cinq siècles, en délivrèrent trois cent mille. La rançon d'un seul esclave allait quelquefois à 6,000 livres; qu'on calcule quelles sommes les chrétiens étaient obligés de payer à l'insatiable rapacité des pirates musulmans !

On peut trouver des notions plus complètes sur ce sujet dans l'ouvrage de M. l'abbé Maynard, déjà cité (tome I, p. 387).

L'œuvre de saint Vincent de Paul n'était pas directement le rachat des captifs, bien que pendant les quinze dernières années il en ait délivré environ douze cents au prix d'un million de livres. Son œuvre, à lui, ce fut plutôt le soulagement corporel et spirituel des chrétiens dans le lieu même de leur long martyre. A saint Vincent de Paul appartient l'initiative de l'érection d'un vicariat apostolique sur les côtes d'Afrique, qui permit une administration ecclésiastique stable de la chrétienté d'Alger; et voici comment il conçut son œuvre :

Les Rois de France avaient le droit d'entretenir un consul dans les villes maritimes dépendantes de la Porte; ces consuls avaient un chapelain pour le service religieux de la maison du consulat, qui était devenue souvent un lieu de refuge pour les esclaves chrétiens.

Ce fut par l'entremise des consuls français d'Alger et de Tunis que Vincent de Paul réussit à fonder un vicariat apostolique dans ces contrées.

En 1645, il avait fondé la *Mission* de Tunis, en y envoyant un prêtre, du nom de Guérin, qui couronna par le martyre une vie d'apostolat. « Par un contrat
« de fondation du 20 mai 1647, la duchesse d'Aiguillon
« avait donné à Vincent de Paul une somme de
« 45,500 livres pour servir à entretenir à Alger et à
« Tunis un prêtre de la *Mission* pour administrer les
« sacrements aux chrétiens esclaves, les soulager,
« consoler et donner des aumônes aux plus pauvres [1]. »

Le premier missionnaire d'Alger fut Jean Le Vacher, envoyé par Vincent de Paul lui-même en 1647, qui devint en même temps consul. En ce temps-là, ni le Roi, ni la duchesse d'Aiguillon, ni Vincent de Paul, ne pensaient qu'il y eût incompatibilité entre le titre de consul et celui de missionnaire, les fonctions civiles et temporelles du consulat continuant à être exercées par des employés laïques. Toutefois, cette confusion ne dura pas longtemps; elle cessa en 1666.

L'institution du vicariat apostolique à Alger date de 1652; il est bon de dire en quelques mots en quoi consistaient ces fonctions.

Un vicaire apostolique exerce la juridiction spirituelle sur tout un pays au nom du Saint-Siège. A part les fonctions tenant au caractère épiscopal, qu'il ne peut exercer s'il n'est pas évêque, le vicaire apostolique

---

[1] Hist. de saint Vincent de Paul, par l'abbé MAYNARD.

jouit des droits attribués aux évêques comme juridiction ecclésiastique. Il peut même être investi de droits réservés au Saint-Siège. Il ne faut pas confondre le *vicaire* et le *préfet* apostolique. Ce dernier jouit de privilèges moins étendus que le premier. Ce vicariat apostolique est une juridiction territoriale et complète ; la préfecture est une juridiction qui ne s'étend que sur les personnes [1].

La *Mission* des Lazaristes et le vicariat apostolique de Tunis furent transportés à Alger en 1652 ; voilà pourquoi, sur le sceau des lettres du P. Jean Batault, nous lisons : « *Vicariat apostolique algérien et tunisien.* » Deux vicaires apostoliques de Tunis moururent de la peste en 1648 et 1649 [2]. En 1668, Le Vacher était en même temps vicaire apostolique d'Alger et de Tunis, et il avait établi dans la maison du consulat français : chapelle, hôpital et hôtellerie pour les pauvres. Ce fut lui qui, en 1682, fut mis à la bouche du canon dit *consulaire*, qu'on voit aujourd'hui dans la Cour d'honneur des Invalides, et qui eut la gloire de mourir martyr. L'année suivante, le vicaire apostolique Montmasson subit le même sort.

Voici ce que dit M. l'abbé Maynard de la maison des Lazaristes d'Alger : « Le vicaire apostolique a
« avec lui quatre prêtres, deux frères et deux
« domestiques. Leur maison est louée à un Turc.
« Dans leur chapelle, décente et où le culte est

---

[1] L'abbé MAYNARD.
[2] *Ibidem.*

« public, on y entend la prédication en français
« et en italien. Tous les dimanches, on y chante
« l'*exaudiat* pour le Roi, pour la France et les bien-
« faiteurs de la *Mission*. Les Lazaristes ont aussi
« quatre chapelles dans les bagnes, entretenues par
« la charité de tous, même des esclaves. Ils servent
« d'interprètes, de correspondants et de facteurs pour
« le commerce entre les captifs et leur famille. Ils
« gardent chez eux les affranchis jusqu'au départ pour
« la patrie. Ils occupent même leurs rares loisirs à
« des recherches sur la géographie et l'histoire du
« pays barbaresque.

« Jusqu'en 1705, époque de calme relatif, les
« missionnaires perdirent un tiers des leurs par mort
« violente; un autre tiers mourut de la peste [1]. »

La peste révolutionnaire de 1793 fut aussi fatale à la *Mission*. Elle lui enleva ses biens, qui consistaient en titres de rentes s'élevant à 9,300 livres, provenant des donations du Roi et de la duchesse d'Aiguillon. En 1798, le consul républicain retira la protection de son gouvernement aux missionnaires, qui restèrent néanmoins auprès des pestiférés et des esclaves du bagne. Le Dey d'Alger les toléra, quoiqu'ils n'eussent plus à leur disposition l'or nécessaire au rachat des captifs; mais ce ne fut que lorsque le fonctionnaire républicain eut chassé de leur maison ces six

---

[1] Il existe de nombreux documents sur la *Mission* à Alger dans les archives du Ministère des affaires étrangères, à Paris. (Voyez l'abbé MAYNARD, page 485.)

pauvres religieux, qu'il se résigna à ne plus les trouver dangereux pour le salut de la France.

On voit ce qu'était la mission française des Lazaristes à Alger en 1712 : une communauté composée de quatre prêtres et des frères servants. Honoré d'une lettre de Louis XIV, le P. Batault, jouissant en outre du titre de vicaire apostolique, est présenté au Dey par le consul français, et il lui est permis d'assembler dans son humble chapelle les chrétiens esclaves dont une mort prochaine va bientôt, peut-être, abréger le cruel martyre.

Que de trésors il fallait recueillir dans la chrétienté pour arracher du nid des pirates d'Algérie des personnages un peu importants, quand nous voyons la rançon d'un chevalier de Malte s'élever à cent mille écus ! (600,000 fr. de notre monnaie au moins). Et penser que les brigandages de ces pirates ont duré des siècles, et cela impunément, sur cette belle, illustre et incomparable Méditerranée ! Accorde-t-on assez de reconnaissance à la France, pour avoir sauvé de la barbarie ce pays, berceau des civilisations antiques et berceau du Christianisme, cette mer dont Jérusalem et Bethléem illuminent les bords fameux !

La neuvième lettre est datée d'Alger, le 3 septembre 1713, et adressée à son frère Edme Batault, à Melin. Il lui annonce qu'il a reçu deux de ses lettres, et, dans celle-ci, il parle surtout d'affaires de famille. Il avait laissé l'usufruit de ses biens, tels qu'il les avait recueillis de la succession de son père, à ses autres frères et sœurs, par *égale portion*. C'est M. Boucheron qui percevait les revenus et était chargé de les distribuer aux autres. Le fit-il sans exciter quelque jalousie contre lui? C'est ce dont il est permis de douter, car le missionnaire, dans cette lettre, lui dit :

« Je suis tout mortifié que vous n'ayez pas sujet d'être content de vos autres frères et sœurs, et que vous pensiez qu'on ne vous donne pas votre part de ce qui vous est dû des revenus dont je vous ay laissé la jouissance à tous. Mon intention a été de vous rendre tous égaux pour vous éviter toute occasion d'envie et de jalousie. J'ay voulu vous faire à tous du bien; je vous écris à tous une lettre pour vous avertir nettement du dessein que j'ay formé touchant mes héritages.

« Soyez persuadés, l'expérience vous le fera connaître, qu'une famille où l'on sert fidèlement Dieu sans faire de mal à son prochain, ni même lui envier quoi que ce soit de son bien, ne manquera jamais de bonheur. Nous sommes chrétiens, nous devons croire que c'est Dieu qui distribue les biens à qui il luy plaît, et ne voyons-nous pas tous les jours des gens riches réduits à l'aumône en peu de temps !

« Je vous prie de remercier, pour moi, de son souvenir, votre très cher curé d'Auxey, Monsieur Massion. »

Dixième lettre. — Elle est datée du 8 août 1715 et adressée à sa sœur, ursuline à Beaune. Il lui annonce « que le général de la Congrégation lui a fait l'honneur de le proposer pour la conduite et le gouvernement d'une grande mission qu'on veut établir, aux dépens du Roy de France, en Mingrélie [1]. »

---

[1] Ainsi, l'Institut de la *Mission de Saint-Vincent-de-Paul* était assez fécond pour envoyer une colonie jusqu'aux rivages orientaux de la mer Noire, au pied du Caucase ! Le nom français rayonnait jusques dans ces parages avec un éclat qu'il est bon de constater aujourd'hui.

« Les ouvriers destinés à cette mission étaient choisis, mais on a suspendu leur voyage sur une lettre de M. Dusault, ambassadeur de Sa Majesté Très Chrétienne à Constantinople, par laquelle il marquoit à M. de Pont-Chartrain que le grand Visir du grand seigneur chérchoit partout le Prince de Georgie et l'ambassadeur de Perse pour les faire mourir. Il avoit la pensée que ce prince et cet ambassadeur n'étoient venus en France et, ensuitte, avoient passé à Rome que pour solliciter ces deux puissances à s'unir ensemble contre S. M. Ottomane.

« Il faut désabuser le Grand-Visir avant que nos missionnaires partent, et leur voyage sera différé jusqu'à l'année prochaine. Je resterai donc Algérien; peu importe, je trouveray autant d'occasions de procurer la gloire de Dieu.

Le digne missionnaire, à la fin de sa lettre, n'oublie pas sa famille de Meursault, de Volnay et de Monthelie :

« Faites toujours votre possible pour maintenir les frères et sœurs en paix et union les uns avec les autres.

« Je vous envoie *une relation de voyage* que vous pourrez communiquer aux autres parents, cela leur fera plaisir et vous pourrez la faire transcrire.

« Votre très humble et obéissant serviteur,

« J. Batault, prêtre de la Congrégation de la Mission. »

Quelle était donc cette *relation* que le missionnaire envoyait à sa sœur, avec prière de la communiquer aux autres membres de la famille? C'est l'histoire d'un événement intéressant arrivé dans ces parages lointains et que notre *recueil de lettres* a heureusement conservée. Il fait suite à la dixième lettre, et nous croyons faire plaisir à nos lecteurs en la donnant *in extenso*. Cette lettre est adressée à madame Batault, religieuse ursuline à Beaune, et doit dater du mois de décembre, car il souhaite la bonne année à sa sœur. Le timbre de la poste de Beaune porte : « Mars, » mais l'année n'est pas marquée.

Elle porte intact le sceau du vicariat apostolique d'Alger, et est écrite en entier de la main du P. Batault.

En voici la copie :

Lettre du P. Jean Batault, prêtre, missionnaire apostolique à Alger, de la Congrégation de la Mission, à sa sœur.

« La grâce de N.-S. soit avec vous à jamais !

« Je profite, ma très chère sœur, avec un vrai plaisir d'une occasion favorable qui se présente pour vous souhaiter la bonne année. Je veux dire une année remplie des bénédictions du Ciel les plus amples, un grand détachement de toutes les créatures, un désir ardent de plaire à Dieu seul et un accroissement dans toutes les vertus dont vous faites profession. Je me confie, ma chère sœur, que vous voudrez bien former les mêmes vœux pour moi qui en ai plus besoin que tout autre. Je prie madame votre très digne supérieure, que j'honore et assure de mes respects les plus humbles, de me recommander aux prières de sa communauté, afin qu'il plaise au Seigneur me remplir de l'esprit de ma vocation. Nous continuons, par la miséricorde de Dieu, à faire nos fonctions avec toute la liberté que nous pouvons souhaiter, et nous avons la consolation de voir que ce même Dieu, par sa bonté infinie, ne laisse pas nos travaux sans fruit.

« Nous avons ici M. Dussault en qualité d'ambassadeur auprès des puissances d'Alger. Il arriva le 1er novembre dans un vaisseau de guerre monté seulement de 22 pièces de canons ; il fit son entrée publique le lendemain et eut sa première audience du Dey. Je ne m'arrêterai pas à vous détailler toutes les circonstances de cette entrée ni même de la négociation, ce qui seroit inutile et long. M. Dussault est venu pour renouveller le traité de paix, changer et ajouter quelque chose à celui qu'avoit fait, deux ans auparavant, M. Duquesne [1]; pour redemander les Espagnols pris sous pavillon

[1] En 1681, Baba-Hassan, Dey d'Alger, poussa l'insolence jusqu'à déclarer la guerre à Louis XIV. Ce monarque envoya contre Alger une flotte composée de onze vaisseaux, quinze galères, cinq galiotes à bombes, deux brûlots, et qui fut réunie devant Alger le 22 juillet 1682. Le bombardement fit beaucoup de mal à la ville. Le 6 septembre de la même année, le Dey envoya demander la paix par le Père Vacher, remplissant les fonctions de consul français à Alger. Duquesne, lieutenant-général des armées navales, qui commandait la flotte, ayant Tourville sous ses ordres, refusa de traiter avec tous autres que les chefs du pays; la guerre recommença donc.

Le 20 juin 1683, Duquesne reparut devant Alger et recommença un affreux bombardement. La ville se souleva pour forcer Baba-Hassan à conclure la paix. Duquesne déclara que, pour première condition, il exigeait qu'on rendît sur-le-champ, sans rançon, tous les esclaves français et même tous les chrétiens pris sous pavillon français. Dès le 2 juillet, on avait déjà livré à la flotte 546 de ces esclaves. Mais le Dey rompit brusquement le traité. Aussitôt, une sédition éclata dans la ville, et Baba-Hassan fut massacré, Mezzo-Morto, corsaire fameux, fut proclamé Dey.

Le bombardement recommença, le peuple quitta la ville, et la milice y commit toutes sortes d'atrocités. Ce fut alors que le malheureux Père Vacher, notre consul, fut mis dans la bouche d'un canon et lancé sur les vaisseaux français.

En 1684, aussitôt après le mauvais temps, Tourville, à la tête d'une escadre, se présenta devant Alger pour recommencer la guerre. Mezzo-Morto n'hésita pas, et la paix fut signée le 25 avril 1684, malgré les intrigues des Anglais et des Hollandais, qui craignaient de voir les Français trop favorisés. On rendit réciproquement les esclaves.

françois, par repressailles pour les Turcs retenus prisonniers en Sicile, je vous en ai écrit l'histoire; de plus, pour régler quelques différents avec la compagnie d'Afrique. Mais, avant toutes choses, M. Dussault a fait de grands et magnifiques présents au Dey, à ses créatures et à quantité d'autres.

« Ces présents, qui ont surpassé de beaucoup ceux de M. Duquesne et dont les Turcs eux-mêmes étaient surpris,

De tels châtiments ne rendirent pas les Algériens plus circonspects, car, en 1688, ils insultèrent de nouveau le pavillon de la France et nous prirent quelques navires. Une escadre, sous le commandement du Maréchal d'Estrées, vint recommencer le bombardement.

Du 1er au 16 juillet 1688, dix mille bombes furent lancées sur la ville; cinq gros navires furent coulés, et la tour du fanal rasée. Mezzo-Morto, investi de la dignité de Pacha, fut blessé lui-même. Les Algériens se livrèrent à d'abominables cruautés. Mais rien ne fut terminé.

En 1689, le 24 septembre, le traité de paix fut enfin arraché à Mezzo-Morto; il fut fait pour cent ans. A la suite de cette paix, les relations de la France avec la régence furent moins troublées que par le passé, quoique les corsaires n'eussent pas renoncé à leurs violences et à leurs trahisons.

Le P. Batault dit que M. Dussault renouvela un traité conclu par Duquesne deux ans auparavant. Or, le P. Batault écrivait en 1719; ce serait donc en 1717 que l'ambassadeur de France serait venu à Alger. L'histoire ne parle pas de cet événement, mais l'historien (que nous avons cité, M. Rozet) s'exprime ainsi : « Dans les années qui suivirent 1710, les rapports de la régence d'Alger modifièrent très peu les *traités existants*. La Hollande, la Suède, la Sicile, l'Angleterre, la France et l'empire d'Allemagne eurent des réclamations à faire valoir. Quelques nations obtinrent de ces *traités* éphémères, plus funestes qu'utiles, puisqu'ils avaient pour résultat d'endormir la vigilance des peuples européens, et que les Algériens ne se faisaient aucun scrupule de les violer dès qu'une occasion de piraterie se présentait. »

nous faisoient espérer une négociation plus heureuse pour la France; mais le Dey, homme dur et fort avaritieux, n'a pu être fléchi sur le sujet des Espagnols et n'a pas voulu absolument les rendre; il veut que les Turcs, qui sont en Sicile, viennent auparavant. Ces messieurs-cy sont en possession de faire la loi à toute l'Europe, et il faut en passer par ce qu'ils veulent, quoique d'ailleurs Alger ne soit qu'une bicoque qu'on pourroit détruire dans une matinée si on le vouloit tout de bon. Les bombes ne font qu'aigrir et animer davantage ces barbares contre les chrétiens [1].

[1] En 1816, le 26 août, lord Exmouth vint, à la tête de trente-deux bâtiments anglais et six frégates hollandaises (alors alliés), mouiller devant Alger. Après quelques heures de bombardement, le Dey signa un traité qui renfermait les conditions suivantes :
1º Délivrance sans rançon de tous les esclaves chrétiens;
2º la restitution des sommes payées récemment par la Sardaigne et Naples pour le rachat de tous leurs esclaves;
3º l'abolition de l'esclavage; 4º la paix avec les Pays-Bas aux mêmes conditions qu'avec l'Angleterre.
Ce traité fit le plus grand honneur à la nation anglaise.
Presque tous les peuples chrétiens payaient à cette poignée de pirates algériens de honteux tributs. Les Deux-Siciles payaient au Dey d'Alger un tribut annuel de 24,000 piastres fortes et fournissaient des présents évalués à une pareille somme. La Sardaigne dut à l'Angleterre de ne point payer de tribut; mais, à chaque changement de consul, elle donnait une somme considérable. Les États de l'Église, protégés par la France, ne payaient plus ni tribut ni présent consulaire. Le Portugal subissait les mêmes conditions que les Deux-Siciles. L'Espagne devait des présents à chaque renouvellement de consul. L'Autriche, par la médiation de la Porte, était affranchie du tribut et des présents. L'Angleterre devait 600 livres sterling à chaque changement de consul, malgré la convention obtenue par lord Exmouth en 1816. La Hollande, les Etats-Unis, le Hanovre et Brême faisaient un présent consulaire. La

« M. Dussault a pourtant renouvellé le traité à son gré et doit partir au premier beau temps pour Tunis et ensuite pour Tripoli, pour faire ce qu'il vient de faire à Alger. Il a amené avec lui quatre Pères de la Rédemption de France, savoir : deux Trinitaires et deux Mercenaires [1], pour racheter les François qui se trouvent esclaves à Alger, Tunis et Tripoli. Il n'en reste plus à Alger qu'un seul dont le patron est trop déraisonnable, n'ayant pas voulu se contenter de seize cents francs, qui, joints aux autres frais qu'il faut faire, auroient fait plus de deux mille francs, somme, comme vous voyez, exorbitante, surtout pour un homme qui n'est qu'un simple valet qui n'a pas d'autres moyens pour vivre.

« Ces Pères emmèneront d'ici plus de quatre-vingts personnes, parmi lesquelles il y a plusieurs femmes et de petits enfants. C'est une grande consolation pour nous. Ils s'en vont tous à Tunis, afin de repasser tous ensemble en France.

« Pour M. de Garcin, qui a profité du voyage de M. Dussault, son ami, pour nous venir voir, il s'en retourne en droiture à Marseille par un bâtiment dépêché exprès pour porter les paquets de la Cour. Il m'a dit qu'à son retour il vouloit vous écrire pour vous donner de mes nouvelles et vous apprendre son voyage; je m'attends que vous répondrez parfaitement à son honnêteté.

« Pendant son séjour à Alger, il a éprouvé plus d'une fois

Suède et le Danemarck fournissaient annuellement des matériaux de guerre pour 4,000 piastres fortes. En outre, ces États payaient le présent consulaire et, tous les dix ans, un tribut de 10,000 piastres fortes. La France ne faisait que des cadeaux à chaque renouvellement de consul.

Le 5 juillet 1830, la nation française, en s'emparant de la ville et des forts d'Alger, eut l'insigne honneur d'affranchir l'Europe de ces honteux traités.

[1] Pères de la Merci, religieux qui se vouaient aussi au rachat des esclaves.

la barbarie du pays, et il en a vu un exemple tragique dont le récit n'excite pas moins la compassion que la curiosité. Voici ce récit :

« Madame la comtesse du Bourk, fille de M. le marquis de Varennes, lieutenant-général des armées du Roi, proche parente de MM. les maréchaux de Villeroy, Talard, d'Uxelles et de M. le premier ....., se résolut, l'été passé, d'aller en Espagne y joindre à Valence M. le comte du Bourk, son époux, envoyé extraordinaire du Roy d'Espagne à la Cour de Suède. Elle pensoit faire son voyage par terre, et quand elle fut à Montpellier, M. le maréchal de Bervick l'assura de sa protection, et milord Bervick, son fils, commandant à Gironne, lui promit une escorte qui la conduiroit en toute sureté. Cependant la guerre qui commençoit à s'allumer en Catalogne et la révolte des Miquelets lui donnèrent de la frayeur, et tout l'appui qu'on lui promit ne l'a pu guérir de la peur. Elle renvoya donc à la Cour le passeport qu'elle en avoit obtenu pour faire son voyage par terre, et en demanda un autre pour s'en aller par mer. Elle demanda de plus qu'il lui fut permis de faire venir un bâtiment d'Espagne pour la prendre. Cet article lui fut refusé, et on lui envoya un passeport pour s'embarquer. Étant arrivée à Cette, elle nolisa une tartane gênoise (500 livres), qu'elle consigna à M. Godard, consul, avec ordre de les remettre au patron quand il auroit des nouvelles certaines de son débarquement à Barcelonne.

« Le 23 octobre dernier, elle s'embarqua sur le soir avec toute sa famille, savoir : le marquis du Bourk, âgé de 8 ans; mademoiselle du Bourk, âgée de près de 10 ans; M. Arthus, parent de son mari; M. l'abbé du Bourk, prêtre irlandois; mademoiselle Lacoste, de Valence, en Dauphiné, sa demoiselle de compagnie, qui mangeoit à sa table ; Claudine Giraud, femme de chambre; Angélique Brunkef, femme de charge; dona Maria, Espagnole, gouvernante de ses enfants; le sieur Crunet, maître d'hôtel et chef de cuisine de M. le comte du Bourk, et Joseph Miquelbourg, son laquais, jardinier de profession.

« Madame du Bourk emportoit tous ses effets : elle avoit 19 coffres, plusieurs valises, caisses, le tout rempli d'argenterie en vaisselle, d'or et d'argent monoyé, de linges, nippes, habits, bijoux, etc...; elle ne laissoit en France qu'un fils, âgé d'environ 3 ans, auprès de sa grand'mère. Ils firent voile la nuit du 23; le 25, ils se trouvèrent par le travers de Palamos, à deux lieues de terre, et ils virent venir à eux un vaisseau algérien de 14 pièces de canon; il les eut bientôt arrivés; vingt hommes qu'il jeta dans la chaloupe se rendirent maîtres de la tartane sans aucune résistance. Madame du Bourk présenta son passeport au corsaire, qui le trouva bon. La dame lui fit présent d'une belle montre, et le corsaire l'assura qu'il ne lui arriveroit rien de fâcheux, qu'il la laissoit avec toute sa famille dans la tartane avec ses effets; que sitôt qu'ils seroient arrivés à Alger, il la remettroit entre les mains du consul françois. Cela fait, le corsaire fit passer dans son bord l'équipage de la tartane et l'amarina de quelques Maures, lui ôtant sa chaloupe et ses compas, et lui donna la remorque. Ils naviguèrent ainsi le 28 et le 29, faisant route pour Alger; le 30, ils essuyèrent un grand coup de vent; il fut si violent que le corsaire, ne pouvant plus souffrir la remorque sans danger pour son vaisseau, la coupa et abandonna la tartane au gré des vents. La tartane se mit vent arrière et vint mouiller le 31, en Barbarie, dans une espèce de golfe que les Maures ne connaissoient pas. Le 1ᵉʳ novembre, le vent étant bon au large pour Alger, mais contraire pour sortir du golfe, ils ne laissèrent pas que de mettre à la voile; mais, comme le vent étoit foible et la mer fort haute, ils ne purent doubler les rochers qui n'étoient éloignés de terre ferme que d'environ cinq cents pas. Madame du Bourk, qui s'aperçut du danger, et voyant qu'elle alloit périr, se mit à genoux, demanda l'absolution à M. l'abbé du Bourk, exhorta tous ses gens à se mettre en état de la recevoir et leur demanda pardon de les avoir engagés à cet embarquement, qu'elle voyoit bien qu'elle étoit cause de leur perte. Ce même temps, une houle jeta la tartane sur un des rochers, et elle se fendit tout d'un coup en deux. Madame du Bourk, son fils, Mlle La Coste, Claudine Giraud, dona Maria, se trouvèrent sur la partie qui fut abîmée dans la mer; elles s'embrassèrent toutes ensemble et périrent ainsi. Heureusement, Mlle du Bourk se mit ferme sur la partie de la tartane qui étoit sur le rocher, contre le bord qu'elle tenoit à pleines mains. M. l'abbé du Bourk se jetta, comme il put, sur un autre rocher que la mer enveloppoit de temps en temps; il prit un couteau qu'il avoit sur lui, l'enfonça dans une fente du rocher et s'y tenoit ferme contre les ondes qui auroient pu le rejetter au large en se repliant; mais une houle plus rude que les autres l'emporta du côté de la terre; il se prit à une planche qu'il rencontra, elle lui échappa; un aviron se présente encore à lui, il s'en saisit. Enfin, il vint de terre des Maures, spectateurs de ce triste naufrage, qui accoururent et le mirent sur un rocher où ils le dépouillèrent sans lui laisser même sa chemise. Il avoit quelques pistoles d'Espagne et une montre dont trois Maures profitèrent; un quatrième vint, qui, n'ayant point de part à ce butin, voulut le tuer, mais les autres l'en empêchèrent et le portèrent à terre ferme.

« Mademoiselle du Bourk, à moitié dans l'eau, sur le rocher, se tenant toujours ferme au bord de la tartane, voyoit les mauvais traitements qu'on faisoit à M. l'abbé, dit à M. Artus : Ne me quittez pas, vous me sauverez, car je sçais que vous savez nager; je n'apréhende point la mort de la main de ces barbares, mais qu'ils m'obligent de changer de religion. Le sieur Artus lui repondit qu'elle devoit s'attendre à en être fort sollicitée; elle répliqua : Je choisirai plutôt la mort. Cependant le sieur Crenet, qui se sauvoit, voyant le danger où Mlle du Bourk étoit de périr, fit signe à des Maures de venir prendre cette demoiselle, qu'il y avoit beaucoup d'argent à gagner à la sauver. Ils vinrent, et le sieur Crenet cria à M. Artus de la jetter à la mer et que les Maures la prendroient ; il la prit et la jetta à six pas de lui dans la mer. Un Maure la prit par un bras et un autre par un pied, et ils la portèrent ainsi à la nage à terre. Pour M. Arthus, après ce bon office, il se noya lui-même.

« Joseph Miquelbourg arriva aussi à terre. Mlle du Bourk ne fut point dépouillée. Les quatre autres, savoir : M. l'abbé du Bourk, le sieur Crenet, Joseph Miquelbourg et Angélique Brunkef le furent tout à fait. Ce ne fut qu'environ deux heures après qu'on leur donna quelques haillons.

« Cependant, hommes et femmes pêchoient les ballots qui flottoient sur l'eau : ils en tirèrent une bonne partie, et ils conduisirent ensuite les cinq chrétiens sur la montagne où étoit leur habitation. Ils faisoient porter Mlle du Bourk tantôt par M. l'abbé, tantôt par le sieur Crenet, et déchargeoient sur leurs épaules de grands coups de bâton pour leur faire doubler le pas. Étant arrivés sur la montagne, ils séparèrent les chrétiens. Mlle du Bourk, M. l'abbé et le sieur Crenet furent mis dans une maison ; les deux autres, dans une cabane faite de roseaux.

« Cinquante de ces Maures s'assemblèrent pour savoir ce qu'on en feroit et tinrent souvent le même conseil pendant *trois* jours qu'ils restèrent entre leurs mains. Tantôt ils opinoient à la mort, tantôt à les brûler, à leur trancher la tête ou à les fusiller ; on tira même un coup de fusil sur M. l'abbé, et on prit une fois par les cheveux Mlle du Bourk pour lui couper la tête ; mais un Maure plus humain et dont les chrétiens se louent beaucoup, les tira toujours de ces dangers.

« Mlle du Bourk paraissoit la plus ferme dans son malheur ; elle disoit même à M. l'abbé : Vous parraissez tout effrayé et tout abattu, et c'est à vous à nous consoler ; elle leur donnoit toujours espérance qu'ils seroient secourus. D'autres qui, par les signes des chrétiens, avoient compris qu'il y avoit de l'argent à gagner, étoient plus modérés. Le 4me jour de leur malheur, Mlle du Bourk vit un coffre de sa femme de

chambre, qu'on avoit sauvé ; il y avoit une écritoire et des
livres ; elle prit les feuillets d'un livre qui étoient en blanc au
commencement et écrivit plusieurs lettres à Alger, à Constantine, au Colle et à la Calle. Celle qu'elle écrivit au consul
d'Alger étoit très sensée et d'un style qui surpassoit la capacité ordinaire d'une fille de son âge. Elle y faisoit en peu de
mots le récit de son embarquement, de la prise de la tartane,
de son naufrage, de la perte de sa chère mère, de son frère,
de son parent et de ses trois femmes, la peine extrême où
elle et les quatre autres échappés du naufrage se trouvoient.
Elle prioit ensuite le consul, en termes simples, mais nobles
et énergiques, de l'envoyer prendre, de la pourvoir d'un
peu de linge, étant mangée de la vermine, de lui avancer
l'argent qu'on lui demandoit pour sa rançon, quoiqu'elle ne
crût point en devoir, munie qu'elle étoit d'un passeport. Que,
cependant, ne connaissant point les pays où elle se trouvoit,
ni les gens qui la détenoient, elle le prioit instamment de ne
rien épargner pour les tirer de la misère qu'ils enduroient ;
assurant M. le consul qu'il seroit promptement et pleinement
satisfait de toutes ses avances, et, pour le mieux persuader,
elle faisoit connaître sa famille et les grandes richesses que
madame sa mère avoit perdues dans le naufrage, le tout
néanmoins avec modestie.

« Elle donna cette lettre à un Turc, qui étoit venu acheter
des effets qu'on avoit sauvés. Il la porta au fameux marabout
de Bougie, fort honnête homme, accrédité dans le pays,
comme le seroit en chrétienté quelque fameux hermite ou
quelque prêtre solitaire qui vivroit en odeur de sainteté.
Celui-ci en écrivit au Dey pour savoir de quelle manière il
vouloit qu'on usât à l'égard de ces chrétiens, et dépêcha par
terre un exprès à Alger. La lettre de Mlle du Bourk étoit du
4 novembre, elle n'arriva cependant à Alger que le 24, à
cause du mauvais temps que le courrier eut à essuyer et des
rivières débordées qu'il falloit traverser. Il y a 40 lieues de
Bougie à Alger. Sitôt qu'il fut arrivé, il porta ces lettres au

Dey et au consul françois. Celui-ci la communiqua aussitôt à
M. Dussault, ambassadeur du Roi auprès des puissances
d'Alger, Tunis et Tripoli, et qui arriva ici (à Alger) le
1ᵉʳ novembre, jour du naufrage. Il étoit parti de Marseille
le 24 octobre, à peu près dans le même temps que madame
du Bourk fit voile de *Cette* pour Barcelonne. La Providence
ayant ainsi préparé de loin les moyens de délivrer les cinq
chrétiens, M. Dussault alla sur-le-champ les demander au
Dey. Celui-ci ne put que rendre ses bons offices, les Maures
qui les détenoient n'étant point de sa domination, ou du moins
ils ne l'ont jamais voulu reconnoître. Le Dey écrivit au
marabout de Bougie de prendre soin de ces chrétiens, de
faire des efforts pour les retirer des mains des Maures et de
lui donner, en cette occasion, des marques de son attache-
ment et de son obéissance, qu'il souhaitoit fort de remettre
ces chrétiens à M. Dussault.

« M. Dussault prit cette lettre, écrivit aussi au marabout, qui
étoit pour lui une ancienne connaissance; il dépêcha le même
jour, 24, une barque françoise avec Baba-Ibrahim, trucheman
de la nation françoise, à qui il remit ses lettres, lui donna
trente sequins, des hardes pour les chrétiens et quelques
présents pour le marabout. Sitôt qu'il fut arrivé à Bougie, il
rendit ses lettres au marabout. Celui-ci, sans avoir égard à
la caducité de son âge et à sa santé fort altérée, monta à
cheval, lui douzième, bien armés, prit encore avec lui le
marabout de Gigeri, homme encore de distinction, et s'en
allèrent ainsi chercher les chrétiens à six journées de là.
Pendant qu'on se donnoit du côté d'Alger tant de mouvement
pour leur liberté, le bey de Constantine cherchoit à la rendre
plus difficile par l'offre qu'il fit de mille piastres pour les
avoir. S'il les eut obtenus, il ne les auroit pas lâchés à ce
prix. L'agent du Colle, à qui Mˡˡᵉ du Bourk avoit aussi écrit,
offrit, par un plus charitable motif, la même somme, mais
les Maures furent sourds à ces propositions. Ce ne fut qu'en
faveur des marabouts, pour lesquels ils avoient une grande

vénération, surtout pour celui de Bougie, au nom duquel les Maures demandent l'aumône, qu'ils se rendirent plus traitables. Dès qu'ils furent arrivés au lieu où étoit mademoiselle du Bourk et les deux autres, les Maures firent à la vérité quelques difficultés, surtout celui qui avoit en son pouvoir la jeune demoiselle, voulant absolument la marier avec son fils ; mais le marabout de Bougie trouva le moyen d'adoucir le Maure en lui glissant quelques pièces dans la main. Il retira de son pouvoir les trois chrétiens, et s'en allèrent trouver les deux autres, tous ensemble, toujours bien escortés. Ce fut pour tous les cinq une grande joie de se revoir. Cependant on ne put les délivrer de ces barbares sans argent ; il fallut donc traiter de leur liberté. On convint, après beaucoup de contestations, de 850 piastres pour les cinq ; et, comme on n'avoit point cette somme présente, on ramassa du voisinage des ceintures d'or et d'argent, brasselets, pendant d'oreilles, etc..., pour sureté de cette somme, et de plus on leur laissa encore un Turc en otâge jusqu'au paiement. Cela fait, ils se mirent en chemin et montèrent les chrétiens sur des mules, les marabouts étant bien contents de leur négociation, où eux seuls pouvaient réussir. Ils demeurèrent six jours en marche dans leur retour à Bougie ; ils y arrivèrent le neuf décembre avec de grandes fatigues. Le 10, ils s'embarquèrent avec Baba-Ibrahim, et mouillèrent dans le port d'Alger le 12, à la pointe du jour. Les cinq chrétiens allèrent loger dans le palais de M. l'ambassadeur. La première chose qu'ils firent, ce fut d'entendre la messe, à la fin de laquelle les RR. PP. Trinitaires et de la Merci, logés dans le même palais, chantèrent le *Te Deum* en actions de grâces [1].

---

[1] Il y avait dans l'Église plusieurs congrégations religieuses, destinées au rachat et au soulagement des captifs. Ainsi celle des *Pères de la Merci*, qui prit naissance à Barcelonne, en 1223, sous l'inspiration de saint Pierre Nolasque, gentilhomme

« M. Dussault, ravi de voir par ses soins un reste si précieux de ce triste naufrage, alla d'abord en remercier le Dey, satisfit à tout ce qu'on avoit promis aux Maures et récompensa bien la barque et Baba-Ibrahim. Le marabout de Bougie n'a pas été non plus oublié. M. Dussault emmène avec lui à Tunis la jeune demoiselle, pour la renvoyer de là à Marseille par une occasion plus sûre que celle qui se présente ici.

« L'aventure de cette jeune demoiselle est toute des plus

français. Outre les trois vœux ordinaires de religion, les confrères joignirent celui d'employer leurs biens, leur liberté et leur vie au rachat des captifs.

Les *Trinitaires*, ordre institué pour la rédemption des captifs chez les infidèles sur les côtes d'Afrique. Ils portaient un habit blanc, avec une croix sur la poitrine, mi-partie de rouge et de bleu. Cet ordre prit naissance en France, en 1198. Ses fondateurs furent saint Jean de Matha et saint Félix de Valois (en Brie). Leur règle était fort sévère. Ils consacraient au rachat des captifs le tiers des revenus de leur ordre et le produit des aumônes qu'ils faisaient partout. Ils possédaient, avant la Révolution, 250 maisons, dont six en France.

LAZARISTES. — Ce qui donna peut-être à Vincent de Paul l'idée de consacrer une partie de ses disciples, *prêtres de la Congrégation des Missions*, au rachat des captifs, fut la terrible aventure qui lui arriva, lorsque, s'étant embarqué à Marseille pour Narbonne, il fut capturé à quelques lieues du port par trois brigantins turcs et emmené captif en Barbarie. Vincent de Paul devint esclave d'un renégat de Nice en Provence, qui, touché de repentir et converti par son esclave, le ramena lui-même à Aigues-Mortes, où ils arrivèrent le 28 juin 1607.

Jean-François de Gondy, archevêque de Paris, seconda Vincent de Paul dans la fondation de sa *Congrégation de la Mission*, qui fut autorisée le 1er mars 1624, puis de nouveau le 24 avril 1626. Le Pape Urbain VIII, par bulle de janvier 1632, érigea cette compagnie en *Congrégation* de la Mission et l'autorisa à instituer sa règle. Le Roi Louis XIII lui fit expédier singulières. Elle est née à Madrid; de là, elle a passé à Lisbonne avec madame sa mère, s'y embarqua pour le Hâvre-de-Grâces. Du Hâvre, elle vint à Paris; de Paris, elle retourna au Hâvre-de-Grâces, s'y embarqua de nouveau pour passer en Suède, où M. le comte du Bourk étoit pour lors en qualité d'envoyé extraordinaire du Roi d'Espagne auprès de S. M. Suédoise. Elle fut prise en chemin par un Anglois,

des lettres patentes au mois de mai 1642, et donna la vie civile à cette congrégation.

Les prêtres de la *Congrégation de la Mission* ayant pris possession du prieuré de Saint-Lazare à Paris, on les appela Lazaristes, mais ce n'est point là leur véritable nom.

Cette congrégation avait pour mission de prêcher dans les villages ou les paroisses manquant d'ouvriers évangéliques; de peupler les séminaires de professeurs, de directeurs, et même d'en fonder de nouveaux; puis d'envoyer des missionnaires dans les pays barbaresques pour consoler et racheter les esclaves.

Cette congrégation augmenta beaucoup ses établissements en France et à l'étranger, et, à la fin du XVIIIe siècle, environ QUATRE-VINGT-QUATRE maisons, sans compter celles de Barbarie et d'Asie, furent créées. La maison d'Alger fut fondée en 1645, et le Pape Innocent XII envoya des prêtres de la Congrégation de la Mission jusqu'en Chine, en 1697. Le supérieur d'Alger était *vicaire apostolique* du Saint-Père.

Cette Maison avait de beaux établissements en Italie et en Espagne.

Louis XIV établit les Lazaristes à Fontainebleau, en 1661, pour avoir soin de sa paroisse; à Versailles, en 1674, et à l'Hôtel des Invalides; en 1690, dans la maison des Dames de Saint-Cyr.

Une des règles de l'Institut est de travailler pendant huit mois de l'année à l'exercice des missions dans les villages. Mais le but principal de l'œuvre était la direction des séminaires du clergé séculier.

Les prêtres lazaristes sont du clergé séculier, quoiqu'ils

conduite à Londres. De Londres, elle s'embarqua, après en avoir obtenu la permission du Roi d'Angleterre, dont elle reçut de grandes honnêtetés. Elle continua son voyage jusqu'à Hambourg. Là, elle apprit la mort du Roi de Suède [1]. Cette nouvelle lui fit prendre la résolution de s'en retourner en

fassent des vœux simples : les quatre vœux de pauvreté, de chasteté, d'obéissance et de stabilité, dont ils ne pouvaient être dispensés que par le Pape.

Pour entrer dans l'ordre, il fallait apporter une fondation de *six cents livres*.

L'institution était gouvernée par un général qui est élu pour sa vie. En 1714, M. Jean Bonnet fut élu général et exerça ces hautes fonctions jusqu'en 1735, année de sa mort. Il fut donc, pendant tout ce temps, le supérieur du P. Batault à Vannes et à Alger. M. Bonnet fut un des successeurs de saint Vincent de Paul qui ait le plus travaillé à consolider et à développer les œuvres du pieux fondateur. Il eut surtout à cœur, dit Dom Helyot [*], de préserver la compagnie des atteintes de l'hérésie janséniste. Le même auteur donne la liste des séminaires dirigés en France par les prêtres de la Mission de Saint-Vincent-de-Paul ; ces séminaires sont au nombre de quarante-neuf, y compris Vannes, où professa le P. Batault.

Le *Vicaire apostolique* est un député du Souverain-Pontife, non pas à une seule fonction, mais *ad omnes causas*, selon l'expression des canons. Le supérieur seul de la maison d'Alger avait le titre de vicaire apostolique ; le P. Batault, attaché au vicariat, n'était que son adjoint. Il devait succéder à ce vicaire apostolique, presque centenaire, lorsqu'il mourut avant ce vénérable vieillard.

H. B.

[1] Cette circonstance peut nous servir à connaître la date de l'événement qui vient de nous être raconté avec tant d'intérêt dans cette lettre, qui ne porte aucune date. Le P. Batault a

[*] *Dictionnaire des Ordres religieux*, par Dom Helyot, tome II, p. 766.

France par terre, en traversant une partie de l'Allemagne. Enfin, s'étant embarquée à *Cette*, on vient de voir la suite de ce voyage et de son naufrage.

« Je souhaite la bonne année à tous mes parents, et suis de tout mon cœur, ma chère sœur, votre très humble et très obéissant serviteur.

« Batault, indigne prêtre de la Congrégation de la Mission à Alger. »

Treizième lettre [1]. — Elle est datée d'Alger, le 18 septembre 1746, et adressée à son frère Edme, à Melin.

Il félicite son frère, dans cette lettre, de ce qu'il lui annonçait qu'il faisait de bonnes affaires dans la *ferme* qu'il administrait à Melin. Il était, en effet, fermier des domaines de la seigneurie de ce lieu.

« Je me porte bien, continue-t-il ; grâce à Dieu, les Barbares ne m'ont pas encore écorché. Nous jouissons ici d'une grande paix par la miséricorde du Seigneur, et nous

habité Alger de 1713 à 1734, année de sa mort. Or, dans cette période de temps, il n'est mort qu'un Roi de Suède, Charles XII, tué au siège de Frédéricshall, le 11 décembre 1718. Son successeur immédiat, après l'abdication d'Ulrique Éléonore, est Frédéric de Hesse-Cassel, mort en 1751. C'est donc de la mort de Charles XII qu'il s'agit. La comtesse du Bourk ne put apprendre cette mort à Hambourg qu'au commencement de 1719. Elle résolut, dit le Père Batault, l'*été passé*, de faire un voyage en Espagne ; et, le 23 octobre *dernier*, elle s'embarquait à Cette pour Barcelonne. C'est donc le 1ᵉʳ novembre 1719 qu'aurait eu lieu le naufrage qui coûta la vie à madame du Bourk.

[1] Cette lettre doit être classée antérieurement à la précédente.

faisons nos fonctions dans nos petites chapelles avec autant de liberté que nous pourrions le faire en France, sans qu'aucun Turc, Maure, ni Juif, puisse nous troubler, sous peine d'en être châtié par le Dey, à la première plainte que nous en ferions.

« On parle de m'envoyer à Tunis, autre ville de Barbarie. Mais rien n'est encore décidé; nous n'avons pas encore le consentement de Rome.

« J'offre tous les jours le saint sacrifice de la messe pour vous tous, mon cher frère, et je supplie le Seigneur de vous conserver tous en santé, paix et union, et de vous bénir et vous mettre en état de donner une bonne éducation à vos enfants. Vous en avez un *aux études* [1], l'autre chez un procureur [2], et une fille au couvent [3]. Vous ne sauriez mieux faire.

« Servez Dieu fidèlement, mon cher frère, agissez de concert avec votre femme; elle est sage et prudente, et capable de vous donner de bons conseils. Notre sœur la religieuse m'en écrit tout le bien possible et a une grande estime pour elle [4].

« Je plains le sort de notre neveu Vivant [5], qui, après son veuvage, est *retourné à la guerre*. Ce n'est pas d'un homme sage; il auroit mieux fait de s'établir une seconde fois. J'aurois été fâché de le voir faire le voyage de Barbarie; aucun François ne peut s'établir à Alger sans la permission du Dey et sans les passeports délivrés au nom du Roy de France.

« Je prie Dieu qu'il fasse la grâce à notre cousin Édou-

---

[1] Jean-Baptiste Batault, qui devint prêtre et curé.
[2] Il partit pour Dijon et devint procureur en Parlement.
[3] Au couvent des Ursulines, à Beaune, où était sa tante, madame Claude Batault, sœur du missionnaire.
[4] Le missionnaire fait plusieurs fois dans ces *lettres* l'éloge des vertus de l'épouse de son frère Edme Batault.
[5] Fils de Vivant Batault, de Monthelie.

hard [1], qui doit dire sa première messe à la Pentecôte prochaine, d'être un bon prêtre, pour son bien et pour celuy du prochain et pour la gloire de Dieu. Faites mes compliments à la cousine Batault, de Monthelie, qui vient de se marier avec M. Niau ; je prie Dieu de bénir ce mariage.

« Adieu, mon cher frère, embrassez, de ma part, notre beau-frère Barault [2], votre chère compagne, pour laquelle j'ai une estime particulière. Sachez entretenir la paix et l'union parmy vous tous, et Dieu vous bénira. Je vous recommande encore la grande affaire de votre salut éternel, et suis tout à vous. »

Quatorzième lettre. — Elle est datée d'Alger, le 21 mai 1717, et est adressée à sa sœur, religieuse ursuline.

Ce n'est qu'une *copie* de la lettre originale, faite par la religieuse elle-même, d'une écriture très soignée. Le P. Batault félicitait, dans une de ses lettres, sa sœur l'Ursuline de faire des *progrès en écriture.*

« Nos chevaliers de Malthe sont enfin délivrés, grâces au Tout-Puissant ; ils s'embarquèrent le 10 avril dernier pour passer en France après dix ans d'un rude esclavage. Ils auroient cent fois succombé sous la pesanteur de leurs chaînes et des mauvais traitements de tant de cruels tyrans, si Dieu ne les avoit soutenus et consolés. Il a amoli le cœur du Dey d'Alger à leur égard en le disposant à se contenter d'une somme qui, pour être considérable, ne laisse pas d'être beaucoup inférieure à celle qu'il avoit prétendue jus-

[1] Une fille de Vivant Batault, oncle du Missionnaire, avait épousé M. Édouhard, propriétaire à Puligny (Côte-d'Or). La famille Édouhard subsiste encore dans le pays.
[2] M. Barault habitait Meursault et possédait l'estime entière du Missionnaire.

qu'alors et n'excède point les forces de ces messieurs, augmentées par les aumônes d'Espagne et de France.

« A peine ces chevaliers sont-ils hors de la rade d'Alger, qu'on nous annonce à leur place 120 personnes, parmy lesquelles il y a des femmes enceintes ou nourrices avec quantité de petits enfants. Nous aurions le cœur percé de douleur de voir un si triste spectacle, si nous n'espérions que tous seront bientôt mis en liberté comme ayant été pris sur un vaisseau françois; ou bien il faudra en venir à une rupture. C'est ainsi que M. Clairambant [1] s'en est expliqué avec le Dey, qui a promis satisfaction lorsqu'il apparaîtra que le bâtiment dans lequel ces gens ont été pris étoit muni d'un bon passeport de M. l'amiral de France. On a dépêché pour cela une tartane française, qui s'est trouvée à Alger, et le passeport a été trouvé bon. Mais les Algériens, qui restituent difficilement ce qu'ils ont pris, ont cherché un autre prétexte, et le Dey se plaint qu'on retient en Sicile 165 Turcs, embarqués sur un vaisseau françois qui a coulé bas dans un port de cette île. Le procédé du Dey est injuste; il s'imagine sans doute que la France, qui a fait la loy à tout l'univers, se trouve aujourd'hui dans la nécessité de la recevoir de tout le monde, qu'elle ne pourra pas rompre avec lui, comme si toute la force de la France avoit dépendu de la vie de Louis-le-Grand [2].

« Il est venu une aumône d'Espagne : trois Pères et trois Frères de la Mercy [3] avec soixante mille piastres et trois à quatre mille pistolles en or pour rachepter les esclaves. Ils sont arrivés le 21 du mois passé et en sont partis ce matin avec 232 chrétiens racheptés. Il y a de ce nombre beaucoup de femmes, de jeunes filles et de petits enfants, quelques prêtres et des religieux. La jeune demoiselle espagnole, qui

[1] Ambassadeur de France.
[2] Louis XIV était mort le 1er septembre 1715.
[3] Voyez la note, p. 43.

a souffert tant de persécutions du Dey même pour la conservation de sa foy et de son honneur, a esté des premiers sur lesquels les Pères ont jetté la vue. Ils en avoient l'ordre exprès du Roy d'Espagne. Dieu a permis que le Dey se montrât fort traitable, mais il n'a pas voulu qu'elle quittât sa maison avant que le vaisseau qui devoit l'emporter ne fût à la voile, afin que personne, à Alger, n'eût de ses nouvelles.

« Le Dey envoie, le 19 de ce mois, quatre vaisseaux au secours du Grand-Seigneur, à Constantinople. Il lui en avoit demandé davantage.

« Les soupçons de peste, qui avoient couru dans Alger, sont dissipés, et les *tremblements de terre* ont cessé.

« Croyez-moi tout à vous en l'amour de N.-S. J.-C. »

Il est impossible de ne pas rendre hommage au patriotisme du P. Batault, lorsqu'il déclare que la puissance de la France n'est pas morte avec la personne du Roi, et que la France saura se faire respecter à l'avenir, comme elle l'était du temps du grand Roi. Le prestige du nom français était tel que les Lazaristes étaient aussi libres et respectés dans leur maison d'Alger qu'au sein de la patrie.

Quinzième document. — Cette pièce est une procuration donnée par le missionnaire apostolique à sa sœur l'Usurline pour donner *quittance, en son nom, de la somme de mille livres*, qu'il lui donne. Cette somme était due au missionnaire par M. François Batault, propriétaire au Moulin-Moines, près Meursault.

L'acte est passé à Alger, le 16 février 1722, devant M⁰ Natoire, notaire, chancelier du consulat de France. La signature de M⁰ Natoire est légalisée en ces termes :

« Nous, Antoine-Gabriel Durand, écuyer du Roy, consul pour Sa Majesté Très Chrétienne en cette ville et royaume d'Alger, attestons la véracité de la signature de M. Natoire et avons fait apposer le sceau royal de ce consulat. »

(Le sceau royal du consulat est intact et joint à la pièce.)

Seizième lettre. — Cette lettre est datée d'Alger, le 20 avril 1723, et adressée à J. Batault, son neveu, étudiant en philosophie, à Beaune. Ce neveu était le fils de M. Edme Batault, frère du missionnaire. Ce neveu devint prêtre et curé de Savigny-sur-Seille.

Il parle, dans sa lettre, du mariage d'un neveu avec une demoiselle Boucheron, qui vinrent habiter Meursault. Ce M. Batault-Boucheron était fils de M. Vivant Batault, de Monthelie.

M. Batault, du Moulin-Moines, descendait aussi de Vivant Batault, de Monthelie, qui avait une famille très nombreuse.

(Nous possédons un titre de partage de 1749, qui donne des détails à cet égard.)

Le P. Batault donne ainsi au jeune étudiant en philosophie de sages conseils sur sa vocation :

« Dans une première lettre, mon cher neveu, vous me marquez que vous êtes sur le point de finir votre cours de philosophie, et vous me demandez conseil sur l'état que vous devez embrasser, affaire de grande conséquence et dont dépend pour l'ordinaire notre repos dans cette vie et notre bonheur dans l'autre. J'ai été édifié, mon cher neveu, de votre bonne disposition; mais, sous ce rapport, étant fort éloigné de vous, je ne vous donne d'autre conseil que celuy de vous en rapporter à un sage directeur après luy avoir ingénuement découvert toutes vos bonnes et mauvaises qualités. Je vois, néanmoins, mon cher neveu, que vous êtes décidé à prendre le parti de l'Église; plaise à Dieu que ce soit pour sa gloire, le bien de votre âme et le salut de beaucoup d'autres. Je suis persuadé que vous ne vous déterminez à ce choix par aucune vüe humaine. Je n'ai pas l'honneur de connaître M. le curé de Saint-Nicolas, à Beaune, chez lequel vous demeurez; mais je ne doute pas qu'il vous ait inspiré les vertus, les dispositions nécessaires à la perfection, à la sainteté de l'état que vous voulez embrasser.

« Je ne vous crois pas assez âgé pour entrer au séminaire; attendez encore. Que Dieu vous y conduise, vous y forme selon son cœur, et qu'ensuitte, plein de son esprit, vous n'en sortiez que pour travailler à la vigne du Seigneur avec zèle et sainteté.

On ne peut s'empêcher d'admirer la sagesse de tels conseils et la beauté du langage dans lequel ils sont exprimés.

La lettre ajoute :

« Alger a été exempt de la peste cette année, mais a été affligé d'autres fléaux : la sécheresse, la mortalité du bétail, la famine, de grands tremblements de terre, les sauterelles qui font un grand ravage, et, le 17 de ce mois, une grêle qui a tout mis bas en un quart d'heure.

« Assurez madame votre mère que je l'ai toujours considérée comme une femme d'un grand mérite. J'ay l'honneur de présenter mes respects à M. le curé de Saint-Nicolas, et je le remercie des soins qu'il a eus de votre éducation et de vous avoir élevé dans la crainte de Dieu. Je suis dans son saint amour votre très affectionné oncle. »

Dix-septième lettre. — Elle est adressée à Mr Maitrise, avocat à Beaune, condisciple et camarade de classes du P. Batault, pour être remise à M. Edme Batault. Elle est datée d'Alger, le 7 juillet 1723, et porte le sceau intact de la mission. Ce sceau est ovale, de trois centimètres de hauteur; le timbre sec porte cette légende : Vicar. apostolic. Algerien. et Tuneten. Presbiter. Cong. Missionis : Vicariatus apostolicus Algeriensis et Tunissiensis. Præside Congregationis Missionis.

Au centre est la figure du Christ debout, nimbé de rayons et posant chacune de ses mains sur un esclave à genoux et en prières.

Voici des extraits de cette lettre :

« Mon cher frère,

« Je vois avec peine que plusieurs de mes lettres sont perdues. J'ay écrit plusieurs fois à notre sœur la religieuse; elle vous donne de mes nouvelles chaque fois, j'en ai la certitude. Vous me ferez plaisir de m'envoyer l'argent que vous aurez touché de la vente de Nantoux, et vous direz au frère Vivant d'en faire autant pour ce qu'il me doit. Mais soyez rassuré, j'espère que Dieu me retirera bientôt de ce monde, et je vous abandonnerai tout mon bien.

« Vous remercierez monsieur le curé de Saint-Nicolas pour le dévouement qu'il a montré dans l'éducation de notre neveu Jean-Baptiste. Faites des sacrifices pour qu'il reste chez ce digne curé jusqu'à ce que sa vocation soit arrêtée; qu'il fuye tous les mauvais exemples et les occasions de se perdre. Mais ne le forcez point dans sa vocation; il faut laisser agir la Providence.

« Vous me dites que les deux cousins Édouhard, le prêtre et le capucin, sont à Puligny, assurez-les de mes respects.

« Je suis, en l'amour de N.-S. J.-C., etc..... »

Dix-huitième lettre. — Elle est datée d'Alger, le 20 mai 1724, et adressée à M. J.-B. Batault, ecclésiastique au séminaire d'Autun, son neveu, celui dont il parlait avec tant de sollicitude dans la lettre précédente. Elle porte le sceau du vicariat apostolique.

« Je n'ay reçu, mon cher neveu, dit-il, votre lettre du 5 décembre dernier que le 18 avril suivant. Je vois avec bonheur que ce n'est point par complaisance ni par des vües humaines que vous vous êtes déterminé à l'état ecclésiastique, le plus saint, mais le plus dangereux qu'il y ait dans le corps de l'Église. Dieu vous fasse la grâce, mon cher neveu, de conserver l'esprit et la vocation ecclésiastiques dans toute sa ferveur, dans toute sa pureté jusqu'à la fin de votre vie. Vous êtes, au séminaire d'Autun, dans une bonne école pour cela, je vous sais, sous la direction d'habiles gens, que j'honore et révère comme mes maîtres. J'y suis resté cinq ans, restez-y aussi long-temps.

« Alger est affligé de tous les fléaux depuis trois ans, surtout par une famine horrible, qui a engendré la plus grande mortalité qui fût jamais. La divine Providence a permis que les François, *qui se fourent partout*, voyant cette disette, y ont apporté une grande quantité de toutes sortes de vivres. Il est vray qu'ils n'y ont pas mal trouvé leur compte.

« C'est une chose surprenante de voir qu'Alger, qui n'est qu'un nid de voleurs, l'égoût de tout ce qu'il y a de plus mauvais parmi toutes les nations du monde, fasse cependant la loi à tous les princes chrétiens. La France même et l'Angleterre, quoiqu'en paix avec cette ville, en souffrent mille avanies, sans en tirer d'autre vengeance que quelques plaintes accompagnées de présents au Dey et aux principaux du pays, pour les engager à observer le traité de paix avec plus de fidélité.

« Il y a près de huit ans que ces Barbares rompirent avec

les Hollandois de la plus mauvaise foy du monde. Depuis ce temps, il n'y a sorte de moyens que leurs États n'ayent employés pour faire la paix de nouveau sans avoir pu y réussir. Deux exprès, envoyés par la Porte avec des lettres du grand Sultan au Dey et au Divan d'Alger, pour les obliger à cette paix, n'ont servi qu'à irriter davantage les esprits. Les armements considérables faits par la Hollande contre ces Barbares n'ont pas eu un meilleur succès. Le 4 de ce mois, cinq gros vaisseaux mouïllèrent dans cette rade pour la même fin, le commandant portant pavillon blanc au grand mât et pavillon carré hollandois au mât d'artimont. Ces vaisseaux furent obligés de se retirer le 9 du même mois sans avoir rien pu obtenir, après quatre jours de négociations.

« Le Dey, cependant, assisté de son Divan, consentoit à la paix aux conditions suivantes, savoir : « que les Hollandois donneroient à la Régence d'Alger 50 mâts de navire ; 14 canons de 24 ; 6 canons de bronze et 8 de fer ; 14,000 boulets ; 1,000 quintaux de poudre ; 5,000 fusils ; 5,000 paires de pistolets ; cinq gros cordages de 120 brasses de longueur chacun. »

« Les Hollandois auroient accepté ces dures conditions si l'expérience ne leur avoit appris qu'ils ne feroient, en agissant ainsi, que d'apporter des *verges pour se faire donner le fouët*. Ils aimèrent mieux offrir une somme d'argent tous les ans. Le Dey, en colère, les fit sortir au plutôt de la ville, avec ordre de mettre à la voile dans les 24 heures, sinon qu'il feroit tirer sur eux.

« La raison pourquoi les Hollandois sollicitent avec tant d'empressement la paix avec Alger, c'est que leur commerce dans ces mers souffre des dommages extrêmes de la guerre avec eux.

« Je pourrois, mon cher neveu, vous faire encore la relation de l'arrivée de quatre gros vaisseaux françois, le 5 de ce mois, qui portent M. Dandrezel, ambassadeur du Roy à la Porte ottomane ; du sujet de sa venue à Alger, de la manière qu'il a été reçu, des manières honnêtes et obligeantes qu'il a eues pour nous, aussi bien que les capitaines et officiers qui nous ont offert du bon vin de Bourgogne.

« Vous me parlez, mon cher neveu, de M. Broquin, supérieur du séminaire d'Autun; je n'ai pas l'honneur de le connaître, je l'assure néanmoins de mes respects les plus humbles. Pour M. Malet, et autres directeurs, c'est mon père et je l'honoreray toute ma vie comme tel. Ne manquez pas de lui dire combien j'ay de vénération pour luy. Monsieur du Feu est donc encore en vie. C'est un homme à qui le diocèse d'Autun a de grandes obligations pour les longs et importants services qu'il luy a rendus.

« Priez pour moy, mon cher neveu, je vous embrasse et suis bien à vous.

« J. BATAULT, indigne prêtre
de la Congrégation de la Mission. »

Nous ne nous trompons pas, mais cette lettre est une page d'histoire relatant en termes excellents les tentatives de paix faites par les Hollandais en 1724.

Dix-neuvième lettre. — Elle est datée d'Alger, le 10 juillet 1725, adressée à son neveu Jean Batault, au séminaire d'Autun. Après lui avoir parlé des membres de la famille, il lui dit :

« Vous voilà donc, mon cher neveu, engagé pour le reste de vos jours au service de l'Église et des saints autels. Dieu veuille que ce soit pour le bien de votre âme et le salut du prochain. J'ay tout sujet de l'espérer en considérant la conduitte sage et prudente que vous avez tenue avant de vous engager dans les ordres. Votre tante la Religieuse m'a écrit le dessein que vous aviez d'aller achever vos études à Paris, me demandant là-dessus quelques avis de la part de votre père. Je luy ai fait une ample réponse [1] dont elle n'aura pas manqué de vous faire part. Paris, du reste, est une très bonne école pour la science et la vertu.

« Je vous prie de faire mes remercîments à votre père de ses offres obligeantes et généreuses pour le vin que j'avois demandé. J'ay considéré que les vins de Beaune ne sont pas assez vigoureux pour passer la mer, je ne pense plus en faire venir [2]. On feroit du très bon vin dans ce pays, si on savoit la manière de le faire. Les raisins sont beaux et excellents.

« L'année 1722 a été une année de famine épouvantable pour l'Algérie. Plus de deux mille personnes sont mortes de faim dans la seule ville d'Alger. Les royaumes de Maroc, de Fez et Tunis n'ont pas moins souffert de la disette. Nous avons vu les François accourir ici avec des vivres de toute espèce, et ils y ont fait leurs affaires.

« Nous avons icy deux religieux Trinitaires [3] françois, qui, n'ayant pu employer tous leurs fonds à Maroc par la dureté de Muley-Ismaël, roy du pays, qui ne vouloit délivrer ses esclaves chrétiens, ont apporté leur argent à Alger pour rachepter le peu de François qui s'y trouvent. Cet argent consistoit en dix mille quatre cens piastres, dont ils ont tiré d'une dure servitude des personnes de différentes nations. Ils doivent s'embarquer demain pour Toulon ou Marseille, et de là prendre la route de Paris en passant par la Bourgogne. Ils passeront par Beaune, et si vous voulez voir ces heureux délivrés de l'esclavage, ils vous parleront de moy.

---

[1] Cette réponse ne se trouve pas dans notre *Recueil de lettres* du P. Batault.

[2] La réflexion du P. Batault est très juste. Mais, de nos jours, avec la rapidité des voyages, les vins de Beaune se transportent très bien à Alger et sont excellents, quand on ne les garde pas trop longtemps.

[3] Voyez la note, p. 43.

« Ils vous diront que notre Communauté se compose de deux missionnaires, de notre supérieur, d'un Frère et de plusieurs serviteurs. On m'avoit envoyé ici pour remplacer M. Lambert Duchesne, supérieur de la Mission, qui a la dignité de vicaire apostolique des royaumes d'Alger et Tunis et qui a 74 ans. Mais, par la miséricorde divine, il se porte bien, quoique fort âgé, et je ne l'ay pas remplacé. Il y a quatre ou cinq ans que M. le général de la mission voulut m'envoyer, avec l'agrément de Rome, en Mengrélie, au fond de la mer Noire, pour y gouverner, en qualité de vicaire apostolique, une mission nouvellement établie là. Je n'ay pas voulu accepter.

« L'année dernière, on voulut m'envoyer à Rome pour y exercer l'office de *procureur général* pour les affaires de notre Congrégation françoise ; mais un religieux trinitaire espagnol, qui avoit demeuré à Alger et qui se trouvoit alors à Rome, luy représenta qu'il me connaissoit particulièrement, que j'étois nécessaire ici pour le soulagement des esclaves. De sorte que je suis encore à Alger, où je vis content, car, par la miséricorde divine, l'ambition ne me domine pas, et M. Duchesne est un homme de mérite et de vertu. Nous vivons ensemble dans notre humble Mission avec paix et tranquillité. Dieu ne dédaigne pas de répandre sa bénédiction sur nos petits travaux, quoique nous ne manquions pas de temps en temps de poires d'angoisses et de tribulations, fruits indispensables de toute mission sur la terre ! »

Il nous semble que cette lettre est écrite en fort bons termes. Le style en est d'une netteté, d'une fermeté qui sent le style du grand siècle. Il finit par engager son neveu à ne pas sortir du séminaire d'Autun avant d'être ordonné prêtre, et l'engage à fortifier ses études ecclésiastiques.

Vingtième lettre. — Elle est datée d'Alger, le

21 septembre 1726, et adressée au même. Il lui dit qu'il a reçu une lettre de lui le 23 août 1725.

« Votre tante la Religieuse, mon cher neveu, me mande que vous devez être honoré du sacerdoce au carême prochain. Je prie le Seigneur, qui vous a destiné pour être revêtu de cette haute et redoutable dignité, qu'il daigne vous revêtir encore des rares et saintes dispositions qu'elle demande. Le séminaire est la source où vous devez les avoir puisées abondamment. Je ne prétends pas vous faire icy un sermon, je ne veux que vous faire connoître que mes vœux ne sont pas de vous voir prêtre, mais un bon prêtre. Saint Jérôme, étant complimenté par un de ses amis de ce qu'il avoit le bonheur de vivre à Jérusalem, luy répondit : *Non Jerusolimis vixisse, sed Jerusolimis bene vixisse laudendum est.*

« Je donne commission à votre tante la Religieuse de vous achepter quelques livres les plus nécessaires pour commencer votre bibliothèque, afin que vous ne disiez point, comme beaucoup d'autres : « *Sacerdotium finis studiorum.* » Appliquez-vous, au contraire, mon cher neveu, à la lecture, à l'étude des Livres saints, pour vous rendre capable de bien instruire les peuples qui pourront être confiés à vos soins.

« Voici les livres qui vous sont d'abord nécessaires : une Bible, un interprète de la Bible, comme Tirinus ou Menochius; quelques sermonaires, comme les sermons de M. l'abbé de Bréteville; instructions sur le catéchisme de Montpellier; quelques livres de dévotion, de méditation. Voyez votre tante, elle fera tout ce qu'elle pourra. Si on ne trouvoit point à Beaune de quoi vous accommoder, faites-le-moy savoir, je vous feray envoyer ce qu'il vous faudra de Lyon ou de Paris. »

A la fin de sa lettre, le R. P. donne sa bénédiction au *nouveau marié* et à son épouse. Ce nouveau marié était Edme Batault, frère de l'abbé, neveu du Missionnaire, qui venait de se fixer à Meursault. C'était mon bisaïeul, celui qui fit bâtir la maison de la place du Meurger à Meursault, en 1726, maison que j'habite encore en ce moment.

Vingt-et-unième lettre. — Elle est datée d'Alger, le 18 juin 1727, et adressée à sa belle-sœur Anne Gautheron, femme de Edme Batault, en réponse à une lettre d'elle reçue par le Missionnaire :

« Ma très chère sœur, la grâce de N.-S. J.-C. soit toujours avec vous.

« J'ay reçu votre lettre comme un gage précieux de votre bon cœur envers moy. Elle est écrite avec esprit, bon sens et bien suivie, et m'apprend plusieurs particularités intéressantes de vos fermes et du pays. La nouvelle que vous me donnez du rétablissement de la santé de monsieur votre mari et de la guérison de votre fils l'abbé m'a fait un vray plaisir. Pour ma santé, elle commence à devenir chancelante; je cours ma 52ᵉ année, et, par conséquent, mon frère Edme n'est pas éloigné de sa 48ᵉ année. Je crois que, vous aussi, vous êtes à peu près du même âge. Voilà donc, ma chère sœur, nos années qui s'écoulent et s'évaporent comme de la fumée ! Quand je pense que vous avez un fils assez âgé pour être prêtre, il me semble que c'est un songe, et je vous vois encore jeune, car vous n'étiez pas enceinte quand j'ai quitté le pays.

« Selon les apparences, nous sortirons de notre exil sans nous revoir, quelqu'inclination naturelle que nous en ayons l'un et l'autre. Vous avez confiance, me dites-vous, dans mes prières; Dieu veuille avoir égard à votre foy et non à mes misères et à mon indignité; je ne manque pas un seul jour sans offrir le saint sacrifice de la messe pour vous tous.

J'ay assisté en esprit à la première messe de votre fils, mon neveu, que je suppose avoir été ordonné prêtre aux quatre-temps de la Trinité.

« Adieu, ma chère sœur, je suis en l'amour de Jésus-Christ et de sa très sainte Mère la Vierge Marie, votre très humble serviteur et frère BATAULT, indigne prêtre de la Congrégation de la Mission. »

Cette lettre a conservé le sceau intact du vicariat apostolique d'Alger.

Vingt-deuxième lettre. — Elle est datée d'Alger, le 23 décembre 1728, et adressée à son neveu M. Jean Batault, prêtre, chapelain de Notre-Dame du Chemin, près Serrigny-les-Beaune [1]. Il s'inquiète de l'état de santé de sa belle-sœur et lui communique les *remèdes* qu'il connaît de longue date :

« Cette toux fatigue beaucoup votre mère, dites-vous; j'ay été aussy incommodé de toux en Bretagne, j'en fus guéri par de bonnes purgations et du *lait d'amandes* que je prenois bien chaud pendant une vingtaine de jours, tous les soirs, dans une bonne tasse d'eau très chaude et un peu de sucre. Vous savez faire le lait d'amandes.

« Vous voilà chappelain à Serrigny, ne négligez pas l'étude et redoutez l'oisiveté, comme l'écueil le plus dangéreux qui puisse vous menacer

« Nous n'avons rien de nouveau dans ce pays; cependant

---

[1] L'abbé Batault débuta donc à Serrigny, près Beaune. La chapelle de Notre-Dame du Chemin était sur le territoire de cette paroisse. C'était le dernier reste d'un prieuré dépendant de l'abbaye de Saint-Seine et qui fut au moyen-âge un lieu de dévotion célèbre. La chapelle de Notre-Dame du Chemin date du XIIe siècle, même du XIe. Il y avait quelques maisons groupées autour de la chapelle. (Voir COURTÉPÉE, tome II, p. 354.)

nous craignons une rupture de la France avec Alger. La France ne manque pas de bonnes raisons pour en venir là ; mais, après s'être arrangée avec Tunis, l'orage est allé fondre sur Tripoli pour intimider les autres. Cependant les suites n'en sont pas aussy favorables qu'on s'en était flatté. Ces Barbares ont déjà pris, sans aucune perte pour eux, beaucoup de bâtiments françois et fait quantité d'esclaves.

« Je viens de recevoir une lettre d'un Père de la Mercy, qui me mande que luy et trois autres doivent venir incessamment à Alger pour rachepter de l'esclavage les François qui s'y trouvent et qui ont été pris sous des bannières étrangères par les pirates de Tripoli.

« Ils n'ont rien pu faire à Miquenez par la mauvaise disposition du Roy de ce pays, qui vient d'être détroné par son frère. C'est une histoire tragique.

« Adieu, mon cher neveu, etc..., etc... »

Vingt-troisième lettre. — Elle est datée d'Alger, le 22 avril 1728, adressée à son neveu l'ecclésiastique. Il lui reproche de ne pas lui donner assez souvent des nouvelles de ses père et mère. Il lui avait annoncé qu'il était rentré chez ses parents à cause d'une forte fièvre dont il était atteint. Le Missionnaire lui indique un *remède infaillible*, dit-il, c'est le quinquina, et il lui donne le moyen de s'en servir.

« J'ay reçu de Lyon tous les actes imprimés du Concile d'Ambrun [1], et on me marque qu'on a l'intention d'en tenir

---

[1] Ce concile eut lieu sur l'acceptation de la Bulle *Unigenitus* et eut un grand retentissement. M. de Mas-Latrie, dans sa *Chronologie* des Conciles, dit qu'il manque dans toutes les collections. Ces actes furent cependant imprimés en 1728, et l'on remarquera que le P. Batault reçut l'exemplaire la même année. Les Lazaristes s'occupèrent vivement de cette question de la Bulle *Unigenitus*. (Voyez Dom Helyot.)

un semblable à Narbonne contre l'évêque de Montpellier. Mais de graves difficultés s'y opposent.

« Je n'ay pas le temps de vous faire le détail des nouvelles brouilleries entre la France et Tunis. Le Bey promet à la France la juste satisfaction qu'elle demande; nous espérons que la France en fera autant. Nous attendons pour cet effet une escadre de sept à huit vaisseaux, deux galiotes à bombes et six galères, qui se préparent pour le mois de may. Mais il est peu probable que la France engage la guerre; elle seroit trop dommageable à son commerce et sans espérance de profit.

« Le royaume de Maroc est dans une confusion étrange. Il seroit à souhaiter que Muley-Amet, qui est à Miquenez, devînt possesseur des États de son père, car il est fort ami des chrétiens (qui grossissent ses trésors). Il y a environ 150 François que les Pères de la Mercy veulent rachepter en profitant de ces bonnes dispositions [1].

« Il y a aussi un grand nombre de renégats qui se sont échappés, mais qui languissent dans un état pitoyable.

« Adieu, mon cher neveu, etc..., etc... »

Vingt-quatrième lettre. — Elle est datée d'Alger, le 14 juillet 1729, et adressée à sa sœur, Usurline à Beaune. Il lui mande qu'il a manqué mourir par suite d'une chute qu'il a faite, pendant qu'il inspectait les travaux d'une *maisonnette* qu'il faisait construire contre leur chapelle; puis il ajoute :

« Vous devez avoir reçu, ma chère sœur, une de mes lettres au mois de janvier et une autre avec la *boëte en fil façon d'argent* que je vous ai envoyée par un religieux de la Mercy parti pour Paris, lieu de sa naissance. Devant passer

[1] L'Histoire ne parle pas de guerre entre la France et l'Algérie en 1728.

par Beaune, il m'avoit promis d'aller vous voir et vous en compter bien long.

« Il est resté cinq mois avec nous. Il arriva à Alger le 23 janvier, avec trois autres compagnons chargés de *quatorze mille piastres* [1] pour rachepter d'abord les François esclaves, puis après les étrangers. Le 21 avril, ils sortirent d'Alger avec 42 esclaves, après avoir éprouvé beaucoup de mortifications.

« Arrivés à Marseille, ils reçurent l'ordre de leur supérieur général de passer par la route du Languedoc, par la Gascogne, la Bretagne, et de là gagner Paris, en faisant partout, selon la coutume, des processions par les lieux principaux de leur passage; ainsi, vous ne les verrez pas à Beaune.

« Nous avons eu une bonne récolte en bled. La mesure de bled, moins forte que celle de Beaune, coûte 20 sols dans les campagnes. Nos marchands en ont tiré plus de cent mille mesures pour Marseille, Mayorque, Mahon et Barcelone. Un Anglois, qui est ici, me tourmente pour que je luy fasse venir un baril de bon vin de Bourgogne. Faites-moy savoir quel est le prix du vin cette année dans notre pays, et si notre frère Edme est dans la disposition de me faire ce plaisir de m'envoyer un baril de vin supérieur à celui de Nantoux [2].

« A propos de Nantoux, je vous donne carte blanche pour l'administrer et faire toutes réparations nécessaires, même de disposer de la propriété du domaine.

« Une grosse affaire à Alger : le Dey est furieux contre les François, parce que Malthe vient de capturer un gros

---

[1] Une piastre égale cinq francs 25 centimes de notre monnaie. Une pistole vaut le double.

[2] Nantoux est situé dans un étroit vallon, derrière Pommard. Le vin qu'on y récolte n'est qu'un gamay ordinaire. Nous avons vu que M. Edme Batault, père du Missionnaire, et le Missionnaire lui-même possédaient sur ce territoire un moulin et un vignoble.

vaisseau et une frégate aux Algériens. Il vient d'envoyer un ambassadeur à la Porte et vers les souverains musulmans pour les exciter à la guerre contre la France. Mais c'est une grosse entreprise, car « il y a bien des maisons dans Alger qui fument encore des bombes de la France 1. »

« Présentez mes humbles respects à madame votre supérieure; à vous, ma très chère sœur, mon cœur et mon estime en N.-S. J.-C. »

Vingt-cinquième lettre. — Elle est datée d'Alger, le 20 mars 1731, et adressée à son neveu J. Batault, vicaire à Touches, près Chalon-sur-Saône.

Touches était le lieu de naissance de la mère du jeune vicaire. Anne Boucheron appartenait à une bonne et ancienne famille de ce beau village. Elle avait reçu en dot un domaine situé à Touches, avec une maison d'habitation. En épousant Edme Batault, elle était venue habiter Meursault, mais le vicaire de la paroisse de Touches se trouvait néanmoins dans sa famille maternelle et au milieu d'un domaine patrimonial.

Cette lettre porte intact le sceau du vicariat apostolique :

---

1 Le Missionnaire fait ici allusion au bombardement d'Alger, fait par les flottes françaises en 1682 et en 1684, sous le commandement de Duquesne et de Tourville. Ces faits de guerre eurent, en effet, un grand résultat en ce qu'ils prouvèrent à ces barbares la force incontestable de notre marine et la valeur de nos matelots. Ce double bombardement causa à la ville des dommages considérables, et laissa dans les esprits un long souvenir de terreur. Cette terreur était-elle un présage de l'événement qui devait éclater sur Alger en 1830?.....

« Quatre de vos lettres se sont perdues, dites-vous, mon cher neveu; c'est bien extraordinaire, puisque je reçois exactement des lettres de Flandres, d'Allemagne, d'Italie, d'Asie et autres endroits les plus reculés. Plaignez-vous à M. Routy, directeur des postes à Beaune.

« Vous voilà, mon cher neveu, vicaire de Touche, lieu de naissance de madame votre mère, où vous avez votre patrimoine et un revenu suffisant pour vivre honorablement. C'est un sujet de joye pour moy; mais ce que nous devons estimer bien davantage, c'est le bonheur que vous avez d'être sous un homme d'un grand mérite, tel que M. le curé de Touche. Vous me marquez que c'est un homme plein d'érudition, doüé de toutes les vertus et qualités nécessaires pour faire un bon curé. Dieu soit béni et loué à jamais ! C'est un grand moyen, mon cher neveu, de vous former et d'imiter cet homme de Dieu.

« Je commence, mon cher neveu, à me trouver plein d'infirmités corporelles et spirituelles, et j'ay demandé plusieurs fois à M. notre supérieur général qu'il me fît la grâce de me rappeler en France pour y finir mes jours. Jusqu'à présent je n'ay rien pu obtenir. Comme il faut beaucoup de temps pour *apprendre les langues de ce pays* et ses usages [1], on ne trouve pas facilement des remplaçants; il faut donc que je prenne patience et que je me résigne.

« Je salue de toute l'affection de mon cœur le père, la mère et les enfants, et prie Dieu de les remplir tous de son saint amour, dans lequel je suis en toute sincérité, mon cher

---

[1] Langues du pays. — On conçoit que le P. Batault devait savoir au moins la langue turque et l'arabe, parce qu'il avait de fréquentes audiences du Dey et de ses ministres. M. Duchesne, le supérieur du vicariat, était un vieillard presque centenaire et ne pouvait vaquer à ces *pourparlers* avec les gens influents du pays. Certes, pas un de ces barbares ne savait la langue française.

neveu, votre très humble serviteur, Batault, indigne prêtre de la Congrégation de la Mission. »

Vingt-septième lettre. — Elle est datée d'Alger, le 28 juillet 1733, et adressée au même.

« Vous me mandez, mon cher neveu, qu'on vous propose une petite cure près de la ville de Beaune. Vous me demandez conseil; si cette cure vous donne de quoy vivre selon votre état, et qu'il n'y ait point de seigneur qui habite cette paroisse (et y ayt des droits seigneuriaux), vous y serez plus content que dans une plus grande, pour bien des raisons que vous n'ignorez pas. Tout prêtre qui n'envisage dans un bénéfice que le gros revenu est en danger de n'y pas faire grand fruit. Il faut nous souvenir de la prière que Salomon faisoit à Dieu dans le 30e chapitre des *Proverbes : Divitias et paupertatem ne dederis mihi, Domine, sed tantum victui meo tribue necessaria*. Vous êtes sage, vous savez ce qui vous convient, méditez cette prière.

« Je viens d'écrire à un nommé Chelegrovia, natif et habitant d'Auxey, en faveur de son fils, qui est icy esclave depuis le 15 may dernier. Informez-vous s'il a reçu ma lettre, et priez M. Routy de la lui faire parvenir. »

Vingt-huitième lettre. — Elle est datée d'Alger, le 26 juillet 1733, et adressée à M. Chelegrovia, marchand à Auxey, près Beaune, recommandée (de la main du P. Batault) à M. Routy, avec ces mots : « *Par charité pour un pauvre esclave;* » elle porte le sceau du vicariat apostolique. C'est la lettre dont parle le P. Batault dans la précédente, que nous venons d'analyser.

Monsieur Chelegrovia, à Auxey,

Il y a icy un jeune homme qui se dit votre fils et qui a été baptisé dans l'église d'Auxey, où j'ai reçu moi-même le baptême. Il m'a dit qu'il y a environ cinq ans, il est sorti de votre maison par pur libertinage. Il vous a écrit pour vous informer qu'il étoit passé en Espagne, s'y étoit fait soldat, et qu'étant en garnison à Barcelone, il avoit reçu de vous dix écus. Ayant été envoyé à Oran, ce carême dernier, pour y travailler aux mines, il a eu le malheur d'être pris par les Maures le 26 avril et emmené à Alger comme esclave. Son patron le fait travailler selon l'usage des esclaves; il expie cruellement sa faute. Dieu veuille que cette disgrâce le rende sage et luy fasse connoître que les désobéissances à l'égard des pères et mères restent rarement impunies, même dès cette vie. Nous avons ici de fréquents exemples de ces sortes de châtiments.

« Cet enfant prodigue, touché de sa faute, vient aujourd'hui se jetter à vos pieds, à ceux de sa mère, espérant tout des entrailles de père et de miséricorde que vous avez conservées pour lui. Il espère que vous voudrez bien venir à son secours.

« Quant à son rachapt, il faut supposer, Monsieur, qu'il vous coûtera bien douze à quinze cents livres. Quand vous aurez l'argent, il faut que ce soit en piastres, pistoles d'Espagne, monnoyes de Portugal ou sequins de Venise. Alors on épargne les changes qui sont de 15 à 20 pour cent.

« Si vous avez la volonté de faire cette dépense, donnez-m'en avis; je vous aideray de tout ce que je pourray et ménageray votre bourse plus que la mienne propre. Si j'avois de quoy contribuer au rachapt, je le ferois de tout cœur; mais tout ce que je puis faire en ce moment, c'est de l'aider de temps en temps, comme j'ay déjà fait de quelques aumônes et de le consoler, de l'encourager dans toutes les peines et travaux dont souffre cet enfant prodigue.

« Il n'a pas encore eu l'occasion de se confesser, mais je ne le perdrai pas de vuë. Il vous demande, à vous, Monsieur, et à sa chère mère, votre bénédiction paternelle, et moy l'honneur de vos ordres, étant sincèrement en l'amour de

N.-S. J.-C. et de sa Sainte-Mère, Monsieur, votre très humble serviteur, etc..., etc... »

Cette lettre est la dernière du P. Batault, la dernière du moins qui nous soit parvenue, et c'est une œuvre de charité accomplie dans l'exercice de sa belle mission. L'histoire de cet enfant prodigue est racontée en termes excellents, et, comme il le dit lui-même, est semblable à beaucoup d'autres exemples, fruits d'une jeunesse livrée aux passions. Nous ne savons si la démarche du P. Batault réussit, mais nous savons que la famille Chelegrovia existait encore, il y a peu de temps, à Auxey et dans les environs.

La lettre du 28 juillet 1733 était triste et empreinte d'un profond sentiment de souffrance. Il y est dit qu'il va écrire à sa sœur la religieuse une lettre qui ne nous est point parvenue. Tomba-t-il malade sérieusement dès cette époque? Nous ne savons, mais la lettre suivante, postérieure de deux années à celle de 1733, clôt notre recueil et annonce la mort du vénérable et pieux Missionnaire.

Cette lettre émane du Supérieur de la mission et du Vicariat apostolique d'Alger et est adressée à M. l'abbé Jean Batault, prêtre à Beaune, neveu du Missionnaire. On remarquera quelle considération le Missionnaire avait conquise dans l'esprit du Dey d'Alger, puisque ce redoutable Souverain, apprenant la gravité de l'état du P. Batault, lui envoya « son médecin et son chirur-
« gien, qui couchèrent dans la maison de la Mission. »

et que, d'autre part, une autre lettre nous apprend « que le Dey appelait souvent le Missionnaire dans « son palais *pour avoir son avis.* »

Cette lettre de 1735 mérite d'être transcrite ; elle porte intact le sceau du Vicariat apostolique : « Vicar. apost. cong. miss. » Elle est ainsi conçue :

« Monsieur,

« Vous aurez sçeu, comme je crois, par la voye de M. Bonnet, notre supérieur général, la triste nouvelle de la mort de M. votre oncle, le 26 janvier 1735. S'étant alité le 25 décembre, *après avoir dit la messe au bagne* avec beaucoup de peine, luy estant survenu un accident de la maladie à laquelle il étoit sujet. On n'a rien épargné pour le secourir, le Dey nous ayant favorisé de son médecin et chirurgien avec la permission à eux de coucher chez nous et en avoir soin nuit et jour, et employant tout ce que l'art leur a dicté de mieux pour le guérir. Mais la complicité de plusieurs autres infirmités a résisté à tous les remèdes.

« Il me pria de luy administrer les sacrements le premier jour de l'an, un peu après minuit, étant atteint d'une oppression si forte qu'il en croyoit mourir. Il se leva pour m'escrire un billet, me suppliant de le faire exécuter en cas de mort. Ce billet de quinze lignes contenoit quatre articles :

« Le premier est pour m'honorer ; le 2me, pour me demander pardon de ses fautes ; le 3me, de brûler quelques lettres ; le 4me article étoit ainsi conçu : « Je vous prie d'envoyer à mon neveu J.-Baptiste Batault, prestre, la montre que j'ay de M. Lemaître. Je laisse l'autre à la maison d'Alger. Fait à une heure 48 minutes du matin, le 1er janvier 1735. »

« En exécution de ce codicile, j'adresse la montre à M. Lamy, prêtre de la Congrégation de la Mission de Saint-Lazare, à Paris, avec recommandation au frère Berchon, de la maison de Marseille, de vous la faire parvenir en droiture par la poste, si cela est possible. Ce frère Berchon étoit l'ami intime de notre cher défunt, ayant été son compagnon de captivité quand ils ont été capturés par les Hollandois. Le frère Berchon nous quitta en 1732.

« M. Batault, destiné à me succéder, a consommé son sacrifice après résidence icy pendant 23 ans. Il y en a 35 que je suis à Alger, et je suis âagé de 83 ans. Il n'y avoit certes pas d'apparence que je luy survécû. Je luy témoigné, les larmes aux yeux, le regret que j'avois de le voir mourir et de luy survivre. Il m'a, par tendresse dans sa maladie, donné des marques de son bon cœur et de sa reconnaissance. Je voudrois pouvoir vous en écrire plus au long, mais ma foiblesse et mon aage ne me laissent que quelques moments pour escrire quelques lignes ; et je suis surchargé pour en escrire à plusieurs personnes et remplir les fonctions dont je porte encore le fardeau.

« Je suis plein de reconnaissance des aydes que j'ay si long-temps reçus de notre cher confrère vostre bon oncle. Que Dieu l'aye en sa gloire.

« Votre très humble serviteur, Duchesne, prestre de la Congrégation de la Mission, vicaire apostolique à Alger.

« A Monsieur J. Batault, prêtre à Beaune. »

La lettre du P. Duchesne [1] est certainement fort honorable pour le P. Batault ; celle qui suit ne l'est

---

[1] M. l'abbé Maynard (*Vie de saint Vincent de Paul*, tome I, page 433) dit de M. Duchesne : « Le plus illustre successeur des successeurs de Lorence au Vicariat apostolique d'Alger fut M. Duchesne, qui passa trente-huit ans à Alger, et exerça pendant trente-trois ans, dans des vicissitudes de calme et d'orage (1705-1738), le vicariat apostolique d'Alger et de Tunis. C'est Duchesne qui alla, un jour, demander au Dey la délivrance

pas moins. Elle émane du supérieur de la Congrégation de la Mission de Saint-Lazare, de Vannes, maison où le P. Batault avait fait son noviciat. Le supérieur adressa cette dernière lettre à l'abbé J.-B. Batault, qui, comme nous l'avons dit, devint curé de Saint-Germain-du-Bois, et qui recueillit, autant qu'il put, les lettres de son oncle vénéré et les confia, avec celles appartenant à la religieuse ursuline, à mon aïeul M. Jean Batault, propriétaire à Meursault et conseiller à l'ancien bailliage de Chalon, qui me les a léguées.

Nous ne possédons qu'une copie, mais une copie du temps, de ce dernier document; il est intitulé :

ÉLOGE DU R. P. BATAULT

Écrite par le R. P. supérieur de la maison de Saint-Lazare de Vannes :

Voici une perte bien considérable que la Congrégation (de Saint-Lazare) vient de faire et à laquelle j'ai été très sensible, c'est la mort de M. Jean Batault, né à Auxey, diocèse d'Autun, le 28 mai 1676, et reçu au séminaire, à Paris, le 27 avril 1699.

---

d'un esclave « *au nom du bon Dieu,* » et l'obtint du barbare, étonné de cette extraordinaire requête. » Le P. Batault était désigné pour succéder à M. Duchesne, mais la mort le priva de cet honneur.

En 1764, la persécution devint plus violente à l'occasion d'une tartane algérienne prise par un vaisseau français. Le consul français à Alger et le vicaire apostolique La Pie de Sévigny furent arrêtés et emprisonnés, liés à la même chaîne. Ils ne furent délivrés que sur les intimations du Roi de France.

Il étoit déjà sous-diacre et s'étoit comporté au séminaire d'Autun, sous feu Monseigneur l'évêque d'Amiens, avec tant de piété et d'exactitude que ce prélat a dit plusieurs fois à M. Bigos qu'il y avoit été l'exemple de tous les autres séminaristes. De si beaux commencements lui gagnèrent l'estime et l'amitié de messieurs de Saint-Sulpice, qui étoient ses directeurs; en sorte que leur ayant découvert le dessein qu'il avoit de se retirer du monde, ils lui offrirent de le recevoir. Mais Dieu l'ayant destiné pour nous, comme l'a bien fait voir la conduite édifiante qu'il a menée dans la Congrégation, un de messieurs nos prêtres, qui l'a vu de près et fort étudié pendant son séminaire, m'assure ne lui avoir jamais vu faire, pendant ses deux ans de probation, aucune faute de propos délibéré, de façon que les plus critiques ne trouvoient aucun défaut extérieur à réprendre en lui.

A peine eut-il fait ses vœux, que la mort subite d'un frère, qui laissoit une jeune femme et trois petits enfans avec des affaires très embrouillées, le mit à une assez rude épreuve. Car sa veuve et d'autres parents l'ayant sollicité de venir régler ses affaires, sans quoy qu'elle se remarieroit, ce qui ruineroit ses enfans. Les supérieurs de M. Batault ne jugèrent pas à propos de lui accorder la permission de faire ce voyage, et Dieu voulut même que ce refus ne fût pas pour lors accompagné de tout ce qui pouvoit l'adoucir et le faire gouter. Néanmoins, le jeune missionnaire se remit bientôt dans sa première tranquilité, dès qu'il eut fait réflexion qu'il y a bien de la différence entre ce que les enfans doivent à un père ou à une mère et ce que l'on peut devoir à des neveux et à une belle-sœur. L'année même de ses vœux, il fut envoyé avec M. Fray pour commencer l'établissement de Vannes, où pendant neuf ans il a rempli avec édification les offices de régent, de procureur et d'assistant. Deux des supérieurs qu'il eut en cette maison et deux autres de messieurs nos confrères qui y étudièrent la théologie sous lui, en qualité de séminaristes externes, lui ont rendu témoignage long-temps avant sa mort qu'il étoit le régent et le directeur le plus accompli qu'ils eussent vu : laborieux, vigilant, zélé pour la formation de messieurs les ecclésiastiques. Il en étoit aimé et respecté quoiqu'il ne les flattât point dans leurs fautes. C'est qu'il étoit d'un caractère d'esprit si doux, si pacifique, si insinuant, si prudent, si humble, qu'il gagnoit la confiance non-seulement de ses confrères et séminaristes, mais encore des externes, soit exclésiastiques, soit laïcs. Aussi fut-il universellement regretté de monseigneur l'évêque de Vannes, de messieurs du clergé et de toute la ville quand il la quitta pour aller à Alger. Lorsqu'il se croyoit sur le point d'entrer en cette dernière ville, son vaisseau fut attaqué, pris et conduit à Livourne. Ce qui ne l'empêcha point de remonter sur mer aussitôt qu'il le pût pour se rendre au lieu de sa destination, quoiqu'on lui eût enlevé tout ce qu'il avoit, sans épargner même ses livres ni ses papiers. Dès qu'il se vit à la compagnie de M. Lambert Duchesne, aujourd'hui notre Doyen, il s'appliqua avec toute l'assiduité imaginable à l'étude des langues étrangères qu'il lui étoit nécessaire d'entendre et de parler, pour pouvoir instruire, consoler et confesser les pauvres esclaves chrétiens de différentes nations; et il l'a fait pendant vingt-deux ans avec tout le zèle et toute la charité convenable à un enfant du bienheureux Vincent de Paul. Ne distinguant jamais entre le jour et la nuit, ni entre les esclaves sains ou malades même de maladies contagieuses, mais étant toujours au service de tous, sans avoir égard à ses propres incommodités, tant qu'elles ne l'obligeoient pas indispensablement de garder le lit. Il n'a pas laissé néanmoins d'être exposé aux traits de l'envie et de la calomnie, et il a été accusé auprès des cours de Rome et de France d'être négligent pour le service des esclaves et pour leur instruction, pour la célébration de la messe et l'administration des sacrements. Il n'ignoroit pas quels étoient les auteurs de libelles contre lui, mais il ne leur a jamais rendu que le bien pour le mal. Quelques jours avant sa mort, il envoie chercher une personne qu'il avoit autrefois conduite avec succès dans les voies du salut, mais qui, ayant quitté sa direction, s'étoit jointe à ceux qui étoient mal affectionnés à son ancien directeur. Il lui fit une exhortation touchante sur le dérèglement de sa vie, le conjura de rentrer en lui-même, et l'assura qu'il lui pardonnoit très sincèrement ce qu'il avoit dit et fait contre lui, et que si, de son côté, il lui avoit donné quelque sujet de peines, il lui en faisoit de très humbles excuses. Ce particulier fut si touché de la généreuse charité avec laquelle M. Batault lui parla et de la tendre amitié qu'il lui témoigna en l'embrassant, qu'après avoir assisté à ses funérailles, où se trouvèrent aussi les consuls, les capitaines et les marchands de différentes nations qui se rencontrèrent à Alger, il vint trouver monsieur Duchesne et lui demanda pardon à genoux de ce qu'il s'étoit laissé séduire par les semeurs de zizanies, et donna par écrit un témoignage justificatif de la conduite du cher défunt. Le R. P. Ildefonse Zorilla, administrateur trinitaire, avoit déjà fait son apologie : car, après l'Évangile de la messe qu'il voulut bien célébrer lors des funérailles, il fit une espèce d'oraison funèbre dans laquelle il releva beaucoup la religion de M. Batault, qu'il mit en parallèle avec Népotien, son zèle infatigable pour le salut des âmes, son empressement à servir les esclaves aussi bien la nuit que le jour, son application à les porter à la pénitence, à entendre leurs confessions générales, à leur faire quitter leurs mauvaises habitudes, et enfin sa grande charité à faire ou à procurer des aumônes à ceux qui étoient dans de trop grands besoins. Ce fut le jour de Noël que ce vertueux prêtre, n'ayant pu célébrer qu'une messe, et encore avec de très grandes peines, fut obligé de revenir à la maison et de se mettre au lit, accablé de plusieurs maux compliqués et incurables. Le premier janvier, il se confessa et reçu le viatique et le lendemain l'extrême-onction. Il a été assisté de jour et de nuit non-seulement par les personnes de la famille, mais encore par le médecin et le chirurgien du Dey, lesquels lui ont fait tous les remèdes convenables, toutefois sans succès. Ses maladies connues étoient des douleurs des reins très vives et des hemorroïdes si prodigieusement grosses, qu'il y en avoit de semblables à des œufs d'oies et les autres à des œufs de pigeons. Enfin, le vingt-six janvier, à trois heures après midi, il quitta cette vie pour aller jouïr d'une meilleure, comme nous avons sujet de le présumer de la bonté de Dieu et de la vertu de son serviteur. Il avoit reçu du Seigneur un jugement solide, un esprit juste et méthodique avec une mémoire très fidèle. Ce qui faisoit que, sans avoir beaucoup de facilité ni de brillant, il parloit néanmoins très couramment avec ordre et netteté pour peu qu'il ait eu quelques moments à réfléchir sur le sujet proposé. Son cœur étoit excellent et comme naturellement porté à faire plaisir. Cette inclination l'avoit rendu industrieux dans différents petits ouvrages de mécanique, parce qu'il s'étoit aperçu du crédit et des avantages qu'il en pouvoit tirer pour le service des pauvres esclaves. Deux d'entr'eux, revenus à ce pays-cy, ont témoigné qu'il n'étoit pas possible de rien ajouter aux services qu'il s'efforçoit de leur rendre, ni à la charité, à la patience et au désintéressement avec lesquels il les leur rendoit. Un jeune homme de Nantes, se trouvant, il y a environ dix ans, esclave à Alger, obtint sa liberté sur la simple parole de notre confrère, qui promit de prendre les chaînes du jeune homme si, dans un temps prescrit, il ne donnoit au patron la somme qu'il demandoit et qui étoit excessive. Il escrivit ensuite à monsieur Rhodes, supérieur de notre maison de Vannes, une lettre si pathétique et si forte, qu'ayant été lue publiquement à la bourse de Nantes, elle tira les larmes des yeux de tous les négociants et les détermina à donner sur-le-champ la somme demandée pour le rachapt du jeune homme; en sorte que bientôt M. Leclercq, le jeune esclave, revenu à Nantes, y publia partout la générosité de son libérateur. Il avoit une tendre piété, une régularité et une modestie tout à fait exemplaires, et, quoique naturellement mélancolique, il paraissoit cependant toujours égal, gai et complaisant autant qu'il convient à un prêtre. Son obéissance simple et sans retardement a éclaté particulièrement en deux occasions : la première, lorsqu'il fut question d'aller à Alger. Car, quoique, dès le commencement de ses études, il eût demandé d'être employé dans les missions étrangères, néanmoins il lui en coûta beaucoup pour quitter, après neuf ans d'un séjour agréable, une ville et une maison où il étoit connu, aimé et estimé, et où Dieu lui faisoit la grâce de travailler utilement au salut des âmes. La seconde a été lorsque ses infirmités se multipliant en Barbarie, il crut pouvoir désirer et demander de repasser en France. Mais, comme il vit que ce retour paraissoit à ses supérieurs peu convenable, pour le temps présent, au bien de l'œuvre, il leur déclara nettement qu'il n'y pensoit plus et qu'il resteroit très volontiers. On a encore remarqué en lui une grande prudence, et c'est elle qui faisoit que *le Dey l'appelloit souvent au palais pour avoir son avis ; qu'il étoit écouté favorablement des principaux officiers de ce prince;* que messieurs les consuls françois agissoient de concert avec lui quand il falloit adoucir ou briser les chaînes des esclaves, et que les chefs d'escadre, dans leurs visites aux échelles du Levant, le consultoient sur leurs difficultés, prévenus qu'ils étoient de sa sagesse et de la manière judicieuse et mesurée avec laquelle il répondoit à leurs ouvertures.

Certes, on ne peut rien ajouter à un tel *éloge*, fait par le supérieur de la Mission de Vannes, cet homme remarquable qui connaissait bien notre cher parent et nous a transmis son oraison funèbre.

Dom Helyot, dans son histoire des ordres religieux, nous apprend que la Mission d'Alger fut fondée en 1645, au moyen des largesses fournies par madame la duchesse d'Aiguillon. Le Pape Innocent XII envoya des missionnaires de saint Vincent de Paul jusqu'en

Chine en 1697. Depuis, le gouvernement d'un grand nombre de séminaires diocésains fut confié aux Lazaristes, à cause de la perfection de la règle que Vincent de Paul avait su donner à sa Congrégation.

Après la lecture de ces lettres, nous pouvons poser deux conclusions : la première, c'est qu'à cette époque le prestige de la France était grand dans ces pays barbares; l'éclat de sa gloire, la puissance de ses armes, la rendaient redoutable à ces ennemis de la civilisation chrétienne. Les pertes causées au commerce européen par ces pirates, contempteurs de tout droit des gens, étaient incalculables, et ils spéculaient odieusement sur la générosité et la piété des catholiques, exigeant des sommes exorbitantes pour la rançon des chrétiens réduits à l'esclavage.

Ce triste état de choses dura jusqu'en 1830, époque à laquelle notre France eut l'insigne honneur de délivrer la Méditerranée de ces indignes forbans. L'Europe a-t-elle été suffisamment reconnaissante envers la France ?

La France elle-même, oublieuse et ingrate, a-t-elle rendu à Charles X, auquel elle doit la conquête d'Alger, un peu de cette gratitude qu'on doit au plus petit bienfait ? La dernière année du règne de ce prince a valu à notre patrie une colonie grande comme un royaume; à l'Europe, la paix du commerce sur la plus belle mer du monde, et ce Roi n'a recueilli, au lieu de gloire et de statues, que l'exil et l'abandon !

La seconde considération s'applique à la mission de saint Vincent de Paul dans les pays musulmans, sur les côtes d'Afrique et d'Asie-Mineure.

Ce grand Saint ne fut pas seulement un héros de charité chrétienne, il fut un véritable génie d'organisation des œuvres d'assistance publique. Il fonda des associations charitables dans un nombre immense de localités, depuis le plus humble village jusqu'aux grandes cités, et surtout dans la capitale, où son apostolat trouva des coopérateurs au sein des grandes familles de la noblesse et de la bourgeoisie.

Ayant éprouvé par lui-même les horreurs de l'esclavage musulman, il résolut de briser les chaînes des chrétiens qui gémissaient dans les pays barbaresques, et il fonda la *Congrégation de la Mission* des Lazaristes. Il répandit ainsi au loin la gloire du nom français ; ce qui a fait dire par plus d'un historien que Vincent de Paul, tout en étant l'honneur de l'Église, l'est en même temps de notre chère France.

Ajoutons que l'œuvre de saint Vincent de Paul se continue jusqu'à présent, puisque les associations charitables créées par lui vivent et répandent leurs bienfaits dans le monde catholique. Bien ingrats et bien ignorants sont les incrédules de nos jours, qui affectent de méconnaître les bienfaits du Christianisme au point de vue social. Dans leur ignorance, ils ne comprennent pas quelle était la profondeur de ce mal social appelé l'esclavage antique, et que ce fut le Christ qui délivra le monde de cet horrible fléau, qui créa la charité et est l'auteur de la vraie liberté.

Bien ingrats et bien ignorants sont-ils encore quand ils présentent le catholicisme comme un ennemi, ou tout au moins comme une inutilité sociale. C'est tout le contraire qui est vrai. En effet, si saint Vincent de Paul ne s'est pas borné à prêcher l'aumône personnelle et passagère, mais a consacré sa vie à l'*organisation d'œuvres permanentes,* c'est qu'il s'est inspiré de ces paroles de nos Livres saints : « *Beatus qui intelligit super egenum* [1], » heureux celui qui dirige son intelligence (et non pas seulement sa bourse) vers les moyens d'améliorer le sort de l'indigent.

C'est une erreur que nous repoussons avec indignation, celle qui consiste à dire, avec les athées, que l'aumône catholique ne peut abolir les misères physiques ou morales, et qu'elle peut être remplacée par ce qu'on appelle le *socialisme*. On ne doit pas confondre la pauvreté honorée dans l'Évangile et la misère, fruit du péché et des crimes de l'humanité. Autre chose est cette pauvreté volontaire, prêchée par l'Évangile et qui est une vertu; autre chose, la misère sociale, qui est un état malheureux que nous devons nous efforcer de guérir et de faire disparaître le plus possible. On peut aimer la pauvreté et détester la misère. Au fond, le problème social actuel consiste à ramener la réconciliation et la paix entre les classes riches ou d'une éducation supérieure et celles qui sont dépourvues de ces faveurs. Or, quelle doctrine plus capable de résoudre ce grand problème que la doctrine de nos

[1] Psaume 40, § 2.

Livres saints, de l'Évangile surtout, dont chaque page est un commentaire de cette parole citée plus haut : « *Intelligite super egenum,* » c'est-à-dire appliquez votre intelligence à perfectionner l'état social du malheureux et à combattre sa misère morale! Quelle doctrine est plus capable de faire atteindre ce but que celle dont le détachement des richesses est le premier précepte?

Nous pouvons donc dire que Vincent de Paul, outre qu'il fut un grand saint, eut le mérite insigne de consacrer son âme à cette pacification sociale, dont son siècle, comme le nôtre, avait déjà grand besoin. La France et les civilisations de notre Occident chrétien lui doivent donc une immense reconnaissance [1].

Le R. P. Batault fut un fils de saint Vincent de Paul, puisqu'il fut membre actif de la *Congrégation de la Mission*. Après avoir passé vingt ans de sa vie dans la maison d'Alger, il ne céda qu'aux attaques de la maladie et de la mort, et c'est après « avoir célébré la sainte messe au bagne des esclaves chrétiens » qu'il tombe pour mourir, quelques jours après, de la mort des justes. Marchant sur les traces de son illustre patron, il *s'offre à prendre les chaînes d'un esclave*, s'il ne trouve pas à solder sa rançon. Il méritait donc un témoignage de notre admiration et de notre respect. Nous souhaitons que la publication de *ses lettres* soit

---

[1] Nous parlons de la sublime mission de charité de saint Vincent de Paul en Bourgogne dans notre *Notice historique sur l'Association des Dames de Miséricorde de Chalon.*

un modeste hommage rendu à sa mémoire et à l'honneur de son nom.

Nous sommes heureux aussi qu'en voulant honorer la mémoire d'un des nôtres, il nous soit permis de dire encore une fois dans nos écrits : Béni soit mille fois le nom de saint Vincent de Paul, ce héros français de la charité catholique !

Henri BATAULT.

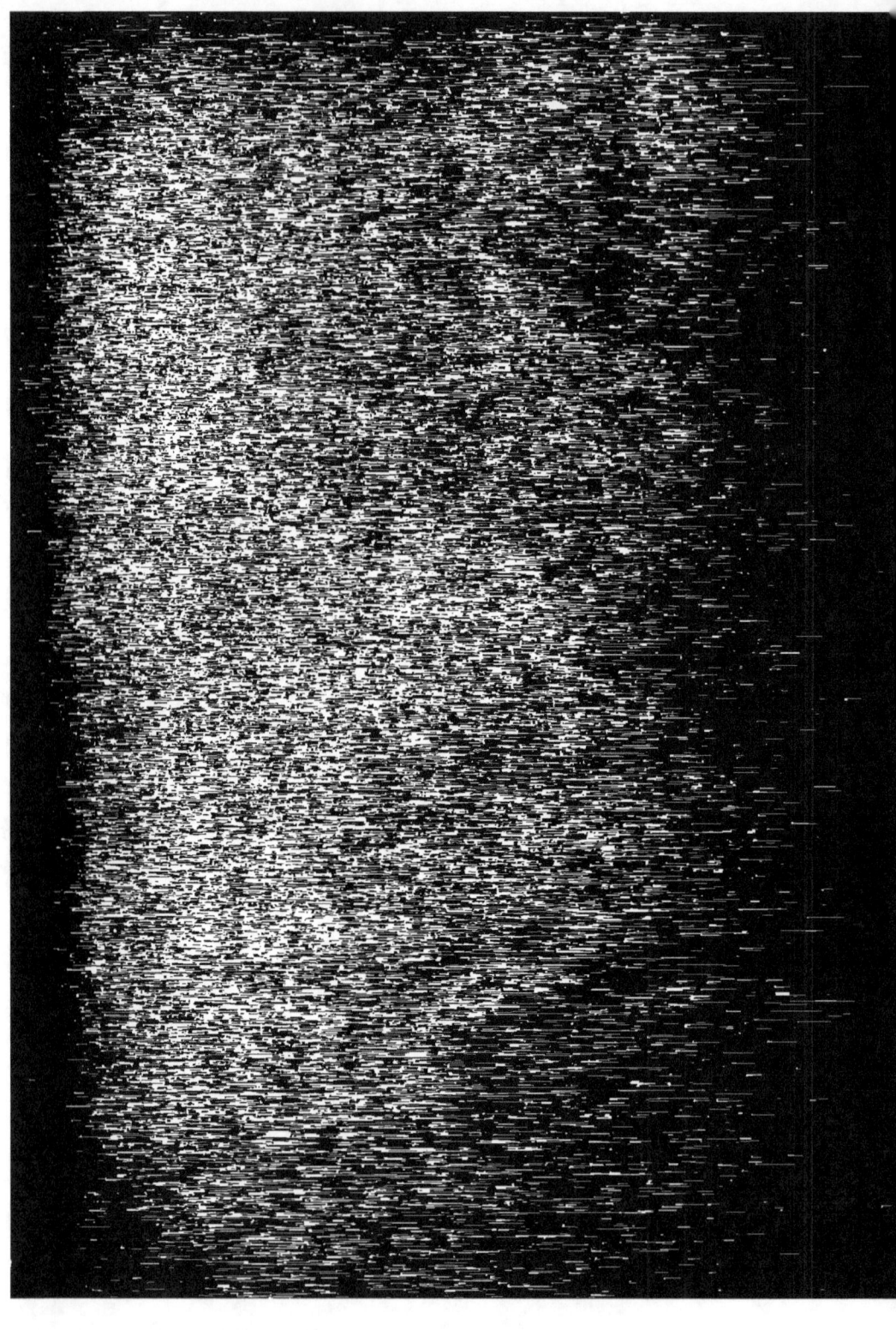

www.ingramcontent.com/pod-product-compliance
Lightning Source LLC
LaVergne TN
LVHW050629090426
835512LV00007B/749